BORIS GUBERMAN

SOCIO-ECONOMIC FORMATIONS AND ASSOCIATED MARKETS

Second Edition
Revised and Expanded

London 2025

HERTFORDSHIRE PRESS

Published by Hertfordshire Press Ltd © 2025
e-mail: publisher@hertfordshirepress.com
www.hertfordshirepress.com

SOCIO-ECONOMIC FORMATIONS AND ASSOCIATED MARKETS

by Boris Guberman©

English - Russian

Translated from Russian by Anton Kovalenko

Design by Alexandra Rey

British Library Catalogue in Publication Data
A catalogue record for this book is available from the British Library
Library of Congress in Publication Data
A catalogue record for this book has been requested

ISBN: 978-1-913356-99-6

ABOUT THE AUTHOR

Born in in 1945 in Baku, Azerbaijan, Boris Guberman graduated from the Faculty of Journalism at S. M. Kirov Azerbaijan State University. Now a permanent resident in Israel, he has devoted over fifty-five years to a career in literature alongside working as a poet, photographer, and inventor.

He has published over seventeen volumes through international publishing houses, the most recent of which was 'My Forever Beloved Homeland, My... Pro-Fascist Native Land,' released by ALTASPERA Publishing in Canada in 2024.

Membership of distinguished creative associations, include:
- The International Creative Guild (Germany)
- The Union of Writers of North America (German Chapter)
- The Eurasian Creative Guild (London)
- The International Literary Association *Creative Tribune*
- The Union of Russian-Speaking Writers of Israel

Contact details:
Israel, Tirat Carmel 3902013
1/10 Hazait Street
Tel: +972 9 861 4425
Mobile: +972 54 582 3701
Email: *borisgu1945@gmail.com*

FOREWORD

This work by Boris Guberman invites the reader to look afresh at the great sweep of economic history and inquires why some systems lift nations while others chain them to stagnation. His answer centres on a single, deceptively simple force, the market, and on how societies choose either to let that force breathe or to bind it in ideological shackles.

The author's path to conclusions is anything but abstract. Trained as a journalist and seasoned by decades spent observing economies from the Soviet collapse to present-day Israel, he writes with the urgency of someone who has witnessed missed opportunities firsthand. Still, his delivery is reasoned rather than polemical. Each chapter pares complex debates down to their working parts, revealing how productive capacity, consumer demand, and good governance mesh, or fail to mesh, in real life. Even readers with only a passing familiarity with economic theory will find Guberman's argument easy to follow.

Being very practical, the author presents his Dream & Reality model as a tidy academic diagram but rather as a toolkit. Breaking industry into three clear tiers—raw-material suppliers, component manufacturers, and agile assembly plants—demonstrates how even a war-torn or under-capitalised country might generate jobs, attract investment, and close the gap between production and demand. Similar to practicality, readers will also appreciate the author's measured style. Even though he does not shy away from condemning the brutal legacies of forced collectivism, his criticism is grounded in economic performance rather than rhetoric. Likewise, his advocacy of a managed market economy stops well short of overenthusiastic support for totally unregulated markets. Instead, Guberman argues for a disciplined framework in which supply, demand, advertising, and competition act together like the fingers of a palm, independent, yet stronger in concert.

None of the above presumes specialist knowledge. Plain definitions are provided for technical terms and historical references come with sufficient context, resulting in an easy to absorb yet rich and rewarding narrative.

Ultimately, this work makes an important promise: that clear thinking, sound incentives, and realistic timeframes can shift the prospects of entire nations. Agree or not, the reader will leave with a sharper sense of how markets shape society and a refreshed belief that economic policy need not be a clash of dogmas. For anyone willing to engage earnestly with big questions of national prosperity, of failed and successful policies, the pages ahead offer a sturdy and thought-provoking guide.

CONCEPTUAL FRAMEWORK: SOCIO-ECONOMIC FORMATIONS AND ASSOCIATED MARKETS

1. UNFULFILLED POTENTIAL

This article was prompted by a recent publication I encountered in the online journal "Science and Life of Israel." The article, centred on cyclical economics and systems analysis, was co-authored by two distinguished scholars who addressed the topic solely from a theoretical perspective.

The authors, one of whom, notably, hails from Ukraine, focus on the abstract reasoning behind their principles whilst I am more interested in their practical application. My motivation to explore this subject was further strengthened by a visit to pre-war Ukraine, where I became acutely aware of structural weaknesses within its economy. These issues are not only worthy of discussion but, more importantly, demand rigorous scrutiny from a systems-theoretical standpoint—an approach that may be extended to numerous other nations in similarly precarious economic positions. These include nearly all the post-Soviet republics, which, I would argue, are equally in need of practical strategies to overcome their current predicaments. The authors chose not to undertake such a task, leaving it incumbent upon others to approach this challenge.

Let us, then, consider contemporary Ukraine, a nation at war. I believe that Ukraine, both economically and politically, should not be analysed through the lens of cyclical economic theory. This analytical framework presupposes that a country such as Ukraine or any of the other former socialist states, must at some point in its history have experienced a period of sustained existence as an autonomous and self-reliant state, and undergone economic development comparable to that of the world's leading economies. This is not quite the case, even though I would argue that the conditions for such independent development have always been present in the post-Soviet world. It is thus entirely appropriate, indeed imperative, to contemplate the developmental prospects of states such as Ukraine.

Ukraine is a country that, until quite recently, and only partially at that, remained in the thrall of what amounts to centuries-long colonial subordination. It is now beginning to assert itself as an independent economic entity, albeit with significant difficulty due to numerous objective constraints. That said, the realisation of this ambition remains elusive, largely due to factors beyond its control. At present, Ukraine is engaged in a war initiated by its so-called 'brotherly' neighbour, the Russian Federation, which continues to harbour imperial ambitions. Ukraine's Crimean Peninsula has been forcibly annexed by Russia, and the country remains embroiled in armed conflict with the rebellious regions of Donetsk and Luhansk—conflicts fomented by that same so-called 'brotherly' aggressor. Several other post-Soviet states, having experienced comparable losses of territory through violent means, likewise find themselves unable to chart a course out of their unfavourable circumstances. Yet despite these difficulties, I am convinced that viable pathways to recovery and renewal do, in fact, exist, and it is precisely this that I shall endeavour to demonstrate.

Nonetheless, each of these nations scarred by acts of aggression—as well as numerous other countries with economies striving to achieve coherent structural maturity—retains sufficient capacity not only to enhance its domestic prosperity, but potentially surpass some of the established economies of the developed world. Indeed, in the case of Ukraine, this potential is not merely hypothetical. Should the war with Russia end favourably, Ukraine could rapidly emerge as a successful, solvent, sovereign, self-sufficient, and strong nation—a country that, ultimately, may be able to realise any conceivable ambition. As for its rebellious territories, their populations will soon discover—through economic self-interest alone—that continued hostility yields diminishing returns. Rational calculation will inevitably incline them once again towards economic collaboration. Indeed, it is entirely plausible that such renewed collaboration may lead to prosperity.

Convinced that such a transformation is possible, I hereby lay out my subsequent inquiry as to how it might unfold.

2. THE WOE OF EXCESS WIT

Are we truly facing such a hopeless state of affairs, in which we, the inhabitants of this Earth, are once again being shepherded, much like the peoples of the former USSR and the socialist bloc before us, into a kind of neo-primitive communalism? Is this the infamous model built upon an extravagantly inflated sense of collective consciousness—predicated on the vision of an egalitarian, classless society devoid of borders, money, markets, and commodity production? A society where everything is held in common, nourishment is drawn chiefly from foraged plants during the warmer months, and in winter, from little more than oak bark? Are we approaching a world in which garments—namely, animal hides—are said to abound, even though the mammoths once hunted for such purposes were driven to extinction long ago, and the pelt of the bear not yet slain remains a matter of contention? A world in which every individual is a communist subject to an omnipotent Metropolis with its KGB, Ministry of Internal Affairs, and Armed Forces, now equipped with upgraded and fearsome weapons for maintaining this new communist order?

One can find precursors of this very brand of communism, this vision of a reordered humanity, in the writings of Friedrich Engels, notably "The Origin of the Family, Private Property and the State and The Principles of Communism." Amongst others, it also appears in Thomas More's "Utopia," though he, at least, never insisted it had existed; in Tommaso Campanella's "City of the Sun," wherein future humanity thrives within an imagined reservation-based idyll; and in Vladimir Lenin's doctrine of Military Communism, which he was ultimately compelled to abandon in haste, for fear of losing power. Joseph Stalin's "Economic Problems of Socialism in the USSR" continued the tradition, reducing socialism's manifold "problems" to the mere challenge of drafting a new textbook on the political economy of socialism. Nor are we short of lesser works by minor Marxist-Leninist ideologues.

But truly, would such a world be so terrifying, downsized by mass extermination and with survivors condemned to live in this delusional "paradise"? Humanity, after all, has endured far worse throughout its evolution, and in every instance has discovered ways to survive, adapt, and transcend even the most wretched conditions. Is the devil quite so fearsome as he is painted, ostensibly, for our own good?

And how, indeed, can communism be regarded as a new socio-economic formation when, in essence, it is little more than a rhetorical resurrection of primitive communal structures clad in the revolutionary language of modernity? Has mankind's earlier ordeal taught us nothing? Is Marx's "Das Kapital," in its revolutionary aspirations, truly so different from Hitler's "Mein Kampf," if both, one cloaked in theory, the other in hatred, ultimately led to extermination of millions?

This chapter opens on a sombre note, not for dramatic effect but rather, to underscore the deeply destructive legacy of socialism and communism and to address what must be done to dismantle, once and for all, this pernicious and deceitfully "humane" doctrine.

In proclaiming the construction of a just society, free from the exploitation of man by man, the founders of Marxism either failed, or perhaps wilfully refused, to recognise that **labour**, the very force which distinguishes humans from primates, necessarily **carries within it the seed of exploitation**. And that this exploitation, however unpalatable, is in fact indispensable. Rather than condemning it as intrinsically evil, I would argue that contrary to Marxist dogma, exploitation **is paradoxically, a progressive force. Without it, there can be no notion of creative labour, the fundamental engine of humanity's historical development**. The Marxists, in a bid to prop up their fragile ideology, resorted to speculative theorising and spinning elaborate visions out of thin air, and in so doing, led their followers, and eventually much of the world, into one of history's gravest ideological catastrophes.

It was in the service of this fantasy, this criminal delusion, that the Bolsheviks, under the banner of Marxist-Leninist doctrine, unleashed a fratricidal revolution in Russia, driven by a singular and obsessive aim:

the seizure and consolidation of absolute power. The consequences are tragically well known. The new regime's first act was to establish the earliest concentration camps—labour colonies where human beings were reduced to cogs in a brutal system of unpaid toil, rewarded only with watery gruel and a wooden cot in an unheated barrack, under the guise of "productive correction" and the fiction of "re-educating declassed elements."

This essentially slave-based exploitation of man endured in the Soviet Union from 1918 until 1953. Even after the death of Stalin, **forced labour persisted**, albeit with token wages paid to a few prisoners, while torture, degradation, and other forms of institutionalised abuse remained widespread. These camps, it must be acknowledged, have not entirely disappeared. Despite official censorship and the systematic suppression of information, occasional reports continue to surface in the press, **attesting to their continued existence**.

Worse still, was the fact that many inmates felt "grateful" for being spared execution and sharing the plight of millions of their innocent compatriots during the successive purges of the Leninist and Stalinist regimes. Such was socialism, and tragically, in many respects it lingers on.

We had fascism worse than Hitler's.

I had previously regarded the Lenin and Stalin era as one of totalitarianism, a regime of personal dictatorship. Yet my professional endeavours and documentary examination of horrors long concealed from the public eye— horrors that those in power evidently knew had to be suppressed—have led me to a different conclusion. I was mistaken.

It was not Hitler, but Lenin, who laid the foundations of what may most accurately be described as a Russian variant of fascism. He was the architect of a fascist state in its Russian incarnation. Stalin's regime represented not the ideological evolution of that state, but the expansion of its repressive machinery. Stalin contributed nothing fundamentally new; he merely broadened and intensified the apparatus inherited from Lenin. Hitler, too, contributed no genuine innovations. Compared with Lenin, even Hitler appears a secondary figure—derivative in both method and purpose. Of course, Hitler was a monster; that is beyond dispute. However, the concentration camps and gas chambers had already been devised before his rise. The Soviet regime exceeded him. Did Hitler seize hostages from among the children of dissidents? No. The Soviets did. Between 1933 and 1939, Hitler is estimated to have eliminated ten thousand political opponents. In the Soviet case, as, it is well known, millions were slain, an overwhelming majority of whom had never opposed the regime. Indeed, all of them, Stalin, Lenin, Hitler, Pol Pot, are cut from the same cloth and bound together in a singular fellowship of evil.

Stalin harboured contempt for the Russian people and appeared to pursue policies aimed at their systematic destruction. The national gene pool was gravely damaged; this remains a matter of the utmost seriousness. The most active cohort was annihilated. And through wars of which the Bolsheviks were themselves among the instigators the youngest generation perished. The very future of the country was extinguished: thirty million dead in the war of 1941–1945. Among them were future writers, scientists, scholars, geniuses, young people of promise and beauty. Personally, I believe no fewer than twenty million perished: shot, starved, or worked to death in the camps. Approximately five and a half million died in the man-made famine of the 1930s alone. A further five million perished in the famine of the Civil War—yet another of Lenin's masterpieces. That makes an estimated ten and a half million deaths from starvation alone.

Alexander Yakovlev, Member of the CPSU Politburo (1987–1990) (Source: Internet)

No matter how strenuously today's admirers of Marxism-Leninism may extol the role of socialism, one cannot, in all honesty, describe it as anything other than a regression to a society based on slavery. To clarify, according to credible historical accounts, slaves in such societies, contrary to the claims of communist propaganda, were, in fact, carefully protected by their owners, being regarded as valuable property and thus commanding high prices. And private property, as we all know, is something to be preserved.

According to its ideologues, socialism represents a lower developmental stage of communism. Both were declared distinct socio-economic formations explicitly intended for the working class, that long-suffering, heavily exploited class which, by nature and Marxist decree, was to become the vanguard of the new social order. Under the leadership of the working class, the peasantry would be enlisted into the same historical mission. These two classes, predominantly uneducated and illiterate at the time, were to assume the helm of society in its pursuit of a new life. As for the intelligentsia, the Marxists assigned it a mere supporting role: a stratum which produced no material goods and was thus relegated a secondary status. This marginalization of intellectualism proved catastrophic for the entire class responsible for sustaining national culture. It was the intelligentsia that was the first to fall victim to the revolution, targeted either for extermination or for re-education in concentration camps under the stewardship of the so-called revolutionary leaders and their Bolshevik executioners.

The Bolsheviks' rise to power through the armed October coup, euphemistically dubbed the "Socialist Revolution," was initially met with a degree of euphoria by certain sections of the population. That euphoria was fanned by the Bolsheviks' early decrees, which, like the revolution itself, lacked any formal legal foundation. From the earliest days of their rule, they ushered in an era of legal and social anarchy that permeated every facet of daily life, ultimately claiming tens of millions of innocent human lives.

Let us proceed systematically.

The decree entitled "**Land to the Peasants!**" resulted in the forcible expropriation of land from its rightful owners, with no legal recourse or compensation whatsoever. The land was then ostensibly "gifted" to the peasantry. Although granted land, the peasants were soon compelled to work it without pay and their harvests, often under the threat of violence or death, seized by revolutionary squads under government orders, ostensibly, to alleviate widespread hunger. This practice persisted from 1928 until 1992 and the advent of collective farms (kolkhoz), where peasants were forced to surrender their livestock, tools, and savings to the collective. In return, they received neither a share of profits commensurate with their contributions, nor autonomy—only meagre rations, calculated in so-called 'labour-days.'

Meanwhile, idle state-appointed officials assigned to manage these collectives reaped handsome rewards. The slogan "**Land to the Peasants!**" culminated not in empowerment, but in the extreme exploitation of peasants, who were stripped of most of their rights by the new Soviet landlords: the state-appointed chairmen and their party bosses. **What** emerged was not "socialism with a human face" but a rebranded feudal socio-economic formation equivalent to a modernised form of serfdom. Unsurprisingly, those in the kolkhoz showed little incentive, engagement, or commitment towards their work. Of course, no account of socialism would be complete without acknowledging the millions of peasants who were tortured, imprisoned, starved, or exterminated in Soviet concentration camps—victims of what the regime dared call a "revolution of the peasantry."

At one point, I was genuinely inspired by the early revolutionary slogan: "**Factories and Plants to the Workers!**" I admired the sweeping ambition of the Bolsheviks in their professed desire to bestow genuine freedom upon the working people. Yet something, somehow, fell apart. Socialism—or more precisely, those who wielded power behind its banner—began to compel us to work through overtly coercive means, leaving no room for freedom of choice. The irony was stark: under capitalism, one sold one's labour to the insatiable capitalist to feed himself, whereas under socialism, labour was declared "free" but enforced through mandatory submission.

In the USSR, those laid off were granted no more than a one-off two-week payout. In the capitalist West, by contrast, the unemployed were compensated with several months' pay and benefits which allowed them to live without begging or borrowing from neighbours. Moreover, their general standard of living and housing were markedly higher and they experienced none of the chronic shortages, even of the bare necessities, we faced. Under socialism, we were mired in a state of perpetual deficit. The wait for state-provided housing, with private ownership all but prohibited, could drag on for decades. In the West, workers organised strikes through their trade unions to defend their rights and improve labour conditions. In the USSR, "rights" were always perfectly observed, so there were no complaints, no demands. Or so we were told.

Everything, according to official propaganda, was better here. We were to rejoice in our glorious workers' paradise, while in the West, we were told, banditry and crime reigned. Drop a rouble, and you might lose your hand along with it. Additionally, the technical and technological infrastructure of our core Soviet enterprises lagged far behind global standards. Not because of insufficient capability—our engineers and workers could rival any capitalist colleague—but because of uninspired and ineffectual leadership constrained by the rigid templates of socialist economic planning. A paradoxical system indeed.

Let us now examine the substance more closely.

In the early days, following the fall of the hated tsarist regime, factories and plants were nominally handed "into the hands of the workers" by the worker-peasant government, much like the land decrees for the peasants. According to the decrees on expropriation and the eight-hour workday, this property was presented to the workers as a gift. But with one caveat: instead of entrusting management of this newly "worker-owned" property to the workers themselves, by forming councils for its democratic administration, only those deemed politically loyal were appointed to oversee production. All too often, these appointees were barely literate and totally unqualified. But who could argue with the top party brass brimming with revolutionary zeal?

Thus, the property was "yours," but should you dare to use it in any personal capacity, you would face swift punishment from the worker-peasant tribunals. Former owners who had not managed to flee the country, were either sent to be "re-educated" in brutal concentration camps or worse, summarily tortured by Soviet inquisitors or executed without trial. The new "masters of life"—the workers, peasants, and intellectuals—fared no better. Those caught in the crosshairs of the socialist state suffered the same fate: camps, torture, dungeons, humiliation. Such was the definition of "ownership."

As for the newly established eight-hour workday, it was merely nominal. In practice, you worked for as long as it took to fulfil the state plan. For instance, when employed as a metalworker during the Soviet period, I would labour two full shifts over the course of a week followed by an additional twenty-four hours to fulfil my quotas. There was no time for rest. We received no food, no protective gear, no overtime pay, no transport to or from work. Exhausted, we would fall fast asleep the moment we sat down. All this fell under the orders of the management, with the approval of the local trade union, the party secretary, and district and city council members. None of us even bothered asking the opinion of our Komsomol leader; what did he matter?

Under this arrangement, our plant's leadership found no issue with labour law, nor any contradiction in the exploitation of workers. Evidently, we had all freely agreed to work on these terms for wages so meagre they were barely worthy of the name. **Perhaps this explains why under Soviet power, May Day and International Women's Day, once occasions to demand rights in the capitalist world, were transformed into compulsory parades in which the "working masses" were expected to march past the tribune with the party leaders, salute them from a distance and feign enthusiasm. Women, on their own special day, were given** flowers by strangers, not by their husbands. This was pretty much the full extent of socialist achievements regarding people's rights and demands. We were conditioned to behave like placated children and so, remain silent. Hence, the Soviet state was spared being burdened by protests. Furthermore, in all the party congresses held throughout the existence of the USSR, the issue of guaranteeing a dignified standard of living for working people was never raised. Evidently, the Party cared little for the very people it claimed to represent.

It is hard to determine which socio-economic formation such methods of governance – the gross exploitation of a population and the imposition of a life bereft of rights or basic human dignity—should be attributed to. Regrettably, the only honest answer lies somewhere between slavery and feudal systems.

We reaped what we sowed. We dared to ask for rights. How audacious of us.

Next, we turn our attention to another famous slogan: "**Peace to the People!**"

This one is particularly remarkable for its promotion of a fundamental falsehood that has continued from its inception to the present day.

The rhetoric of the Bolshevik leadership was filled with promise - an end to the imperialist war, calls for disarmament, appeals to peaceful coexistence - but **the very transition their slogan proposed - from an imperialist war to a civil war** - utterly nullified such lofty pledges.

Their refusal to engage in dialogue and resistance to peaceful solutions plunged the young Russian Soviet Republic into a prolonged civil war. The Soviet government sought domination rather than reconciliation.

When the frontlines eventually came to a halt, the republic redirected its forces toward Poland in a campaign of expansion. Despite being firmly repelled, the Bolshevik leadership hung tight to its imperial ambition. Lenin dreamt of the world revolution and was consumed with expansionist fervour.

This imperial zeal found tangible expression in the Red Army's conquest of the largely defenceless republics of Azerbaijan, Georgia, and Armenia—nations which, though building nascent democratic institutions, were ill-equipped to resist Soviet aggression. Alongside the annexation of the Transcaucasian states came the absorption of Central Asia: Uzbekistan, Kyrgyzstan, Turkmenistan, Tajikistan, and Kazakhstan. Ukraine was also "liberated" by force at roughly the same time.

Within Russia itself, there was widespread unrest. Many peasants and workers opposed the internal policies of the so-called "workers' government." These uprisings were drowned in rivers of blood—shootings, torture, and mass repression of millions. This violence, this perverse intoxication with human suffering and subjugation, only further stimulated the fevered minds of the Communist leadership. With neither the patience nor the will for peace, they remained enthralled by the vision of global communist expansion and therefore, forever in pursuit of war.

Resources were scarce, the country lay devastated, governance was in disarray, and yet the leadership remained fixated not on addressing the basic needs of its people, but on fulfilling its military ambitions. From the immediate post-war period to the present day, we witness a relentless arms race and the perpetual stoking of war hysteria, both at home and abroad.

It was the threat posed to global peace by the USSR which in part, prompted the emergence of Hitlerian fascism, a regime that on closer inspection, bore a striking resemblance to that of the communists. They merely bore different labels. Hitler dreamt of global domination and Stalin, red-brown communism across the entire planet.

Yet, while Hitler's regime was condemned by the International Nuremberg Tribunal and its principal architects held to account, Stalin's regime escaped judgement. It passed into posterity unchallenged, and its spirit remains with us even now. When the socialist bloc eventually disintegrated, the world failed in its response and nothing was done to indict the crimes of communist leadership.

It would be unjust to harbour prejudice towards the Russian people. They too, should be regarded as victims of those who imposed a brutal and inhumane order in pursuit of an impossible, delusional ideal called socialism and communism. Their soldiers, compelled to inflict evil upon their own people, are casualties of a leadership that having learned nothing from history, continues, even now, to inflict further suffering upon the world.

It was the ruling elite—the Metropolis—that dragged socialism from one so-called "socio-economic formation" to the next in pursuit of an ever-receding utopia. In truth, we would not even call it a utopia, for that term grants it too much dignity. It was a hallucination, a ghost run amok.

For this reason, neither socialism nor communism can rightfully be classified as socio-economic formations in the strict sense. A true

socio-economic formation adheres to coherent economic and legal norms—norms systematically flouted by these ideological constructs. This is a point to which I shall return.

One final note to conclude the above. Marx, Engels, Lenin, Stalin, Hitler, Mao Zedong, Kim Jong Un, Angela Merkel, and myriads of their acolytes, disciples, and followers— are all flogging a dead horse. They elevated this hollow shell of an idea to the status of scientific theory and through it, sought to "bless" humanity. In so doing, they ushered in only sorrow, manipulation, and chaos.

Thus, their ideal of so-called "freedom" became a very real red-brown totalitarian nightmare for the peoples ensnared by this great historical swindle, terroristic in form and genocidal in cost. It claims lives in tens of millions. The world still awaits a reckoning—a moral condemnation of this abominable phenomenon known as socialism.

Turning to a contemporary example and an article I first published on Facebook on 8 April 2020; I aim to illustrate how modern socialist ambitions can impact a nation that once thrived.

A nurse in Germany sends a message to the world in an open letter:

To Trump Haters

If you think President Trump has it all wrong, read this letter from Germany. Yesterday, we held a meeting concerning the situation in our hospital as well as other hospitals in Munich. ERs overwhelmed by the number of emergency cases involving migrants, are now referring everyone to the central hospitals. Many Muslim patients refuse treatment from female staff, and we, women in health care, are now refusing to treat these male migrant patients.

The relationship between medical staff and migrants has deteriorated rapidly. From last weekend, all migrants admitted to hospitals must be accompanied by police K-9 units. Many of these migrants have ADHD, syphilis, tuberculosis, and other exotic diseases that Europe had long eradicated and no longer knows how to treat. When given a prescription at the pharmacy and told they must pay in cash, they often explode with rage—especially when it concerns medication for their children. They leave the children at pharmacy counters saying: "Treat them yourselves!" As a result, not only clinics and hospitals, but also large pharmacies are under police protection.

The question is: Where are those who once greeted migrants with open arms and placards at railway stations in front of the TV cameras? Yes, the borders are now closed, but millions are already here, and there is no getting rid of them.

Unemployment in Germany used to be around 2.2 million. Now it is at least 3.5 million.

Most of the newcomers are unemployed. Only a small minority have any formal education.

Most of the women do not work at all. By my estimate, at least one in ten is pregnant.

Hundreds of thousands arrived with infants and children under six, many of whom are malnourished and in urgent need of care.

If this continues, and Germany reopens its borders, I am returning to the Czech Republic.

Given this situation, nothing can persuade me to stay here, not even a good salary.

I chose to work in Germany, not Africa or the Middle East!

Our department head has said how heartbreaking it is to witness and even the cleaning staff working for 800 euros a month are feeling depressed and helpless at the sight of corridors filled with young people begging for help. Frankly, I don't want this, but I fear that when I return to the Czech Republic, the same thing will eventually happen there. If the Germans, with all their systems, cannot cope, then chaos in my homeland is inevitable.

Those of you who have had no contact with these people have no idea how desperate and aggressive they can be. Muslims, in particular, demand religious accommodation that exceed what our staff are prepared to provide.

So far, no hospital staff have contracted the diseases these people have brought with them—but with such numbers, it's only a matter of time.

In a hospital near the Rhine, migrants armed with knives attacked staff after bringing in an eight-month-old on the verge of death, whom they had dragged across Europe for three months. The child died two days later, despite receiving exemplary care in one of Germany's finest paediatric clinics. In the aftermath, the paediatrician had to undergo surgery; two nurses remain in intensive care. No one was punished. The local press is forbidden from reporting on such incidents, so such information is shared solely via email.

What would become of a German citizen who stabbed a doctor and two nurses? Or one who threw syphilis-infected urine at a nurse's face and threatened to infect her? A German would be tried immediately and imprisoned. As for these people? Nothing!

So, I ask again: Where are the smiling welcome parties from the train stations? Are they sitting safely at home, enjoying their lives? I would have them brought straight to our emergency room, and then sent to live in the very buildings housing the migrants.

Let them care for the patients themselves, without armed police and dogs. Such patients are now found in every hospital here in Bavaria.

Such a situation plagues not only hospitals but pervades every sphere of public life across Germany and indeed, throughout Europe. Migrants are encroaching upon Europe's vital spaces with ever-increasing audacity, ignorance, incivility, and religious intolerance, imposing their material demands upon freedom-loving societies. This was not always the case. It became possible through the actions of Angela Merkel, a socialist politician, and former Chancellor of Germany. Merkel imposed upon her own nation—and by extension much of Europe, governed similarly by left-leaning socialist administrations—a policy of unregulated admission of vast numbers of migrants from Syria, Iraq, and the poorest regions of Southeast Asia and Africa. These arrivals brought with them an incapacity for productive labour, infectious diseases, and uncompromising religious dogmas, and swiftly integrated themselves into the social welfare systems of their host countries. How can these nations endure such an onslaught?

If societal attitudes towards these parasitic newcomers do not undergo a fundamental transformation, the answer is almost certainly negative. Europe faces dark and perilous times ahead.

Let us now return to the subject of socialism. There once circulated a sardonic Soviet-era joke:

"Who was Marx?"

"An economist."

"Like Uncle Boris?"

"No, Uncle Boris is a senior economist..."

In truth, Karl Marx was a serious philosopher, economist, theorist, and writer. But in temperament, he was also an idealist and a utopian; an observation that his most ardent adherents may perhaps forgive me for making. His so-called revolutionary doctrine was little more than a recycling of **utopian socialism and utopian communism**. In this regard, he differed little from his intellectual predecessors, all of whom saw their grand social experiments collapse when subjected to the rigours of reality. What set Marx apart was his and Engels' calculated strategy to infect the most disenfranchised and marginalised strata of society with the ideological virus of their doctrine—and in this, they succeeded. They found particular resonance among the educated nihilists, those determined not merely to challenge the existing order, but to obliterate and remake it entirely in their own revolutionary image.

It is no secret that both Marx and Engels lived as **dependants**, in the plainest sense of the word. Their literary output alone afforded them but a meagre and frequently impoverished existence. In his early years, Marx lived comfortably on the means of his affluent father. Upon marriage, he continued to subsist—alongside his wife and children—on the generosity of his aristocratic father-in-law. Later, the burden of supporting Marx's household fell to his comrade-in-utopianism and fellow revolutionary, Friedrich Engels, who, ironically, was sustained by the considerable wealth of his industrialist father. Whether Marx and Engels would have achieved prominence as revolutionaries without the providence of these material circumstances is, at best, doubtful.

It is equally noteworthy that Engels, for all his revolutionary fervour, never undertook any discernible effort to improve the lives or working conditions of the labourers employed in his father's factory. On one hand was the revolution in theory and on the other, the practical wellbeing of the very proletariat on whose behalf Marx and Engels so vociferously claimed to speak.

In due course, disciples of their doctrine emerged in autocratic Russia—foremost among whom was the utopian revolutionary Vladimir Lenin and his cohort. Lenin, like many of his Bolshevik comrades, conducted most of his revolutionary activities not within Russia but abroad, where their efforts largely comprised the glorification and perpetration of terrorism. This included the assassination of political opponents and other perceived enemies of the revolution, as well as the audacious robbery of Russian financial institutions. The proceeds of such crimes funded the comfortable lifestyles of idle revolutionaries, supported Lenin's domestic arrangements and romantic entanglements, and financed vehement propaganda campaigns aimed at destabilising the Russian state and inciting strikes, unrest, and insurrections among the workers.

Revolutionary activity demanded considerable funds. The Bolsheviks therefore solicited—and accepted—donations from some of Russia's wealthiest industrialists. When voluntary support proved insufficient, the party did not hesitate to resort to murder. A particularly egregious example is the assassination of the industrialist Savva Morozov, whose "elimination" was orchestrated by Bolshevik operatives in the name of so-called revolutionary justice.

It was this very clique—Lenin's inner circle—that orchestrated the October 1917 armed coup d'état. This insurrection plunged Russia into civil war, inaugurated a regime of state terror, and drowned the country in a deluge of propaganda and mass manipulation. The catastrophe that ensued claimed the lives of untold millions. It is, therefore, entirely justified to characterise Leninist-Stalinist utopian socialism as a reactionary and blood-soaked ideology—a doctrine whose legacy echoes from the unmarked graves of its countless victims.

Let us be unequivocal: this reactionary and violent form of utopian socialism persists to this day—not only in the Russian Federation, but in the regime of North Korea and in other states governed by analogous systems. The central aim of such regimes is not the preservation of the individual's right to a dignified existence, but the suppression of the individual and the eradication of freedom. That is why they invariably collapse. History offers irrefutable proof that any socialist project is fated to fail. It is a tragedy to behold such regimes as they continue to menace the world with war and terror.

For all his manifold shortcomings, Marx was nonetheless the first to attempt a theoretical classification of socio-economic formations. These he enumerated as the primitive communal formation, the slave-holding formation, the feudal formation, and capitalism. Together with Engels, he added two further stages: socialism, understood as a lower transitional phase, and communism, conceived as the ultimate pinnacle of human development. But here we must take issue.

Firstly, socialism and communism, for a host of structural and empirical reasons, do not qualify as bona fide economic formations. Secondly, even if were we to allow for their inclusion, they could only be considered socio-political formations—ideological constructions lacking the economic coherence and systemic legitimacy of their predecessors.

Finally, it must be said that humanity's development does not culminate in any final "phase." Human progress is, by its very nature, open-ended. We are convinced that capitalism—despite its current predominance as a socio-economic formation—is not the terminus of our civilizational journey. Indeed, new formations are already looming on the horizon, perhaps closer than many dare to imagine.

3. THE CONCEPT OF PROGRESS

The preceding chapter was not intended as a blanket condemnation of socialism or communism. Rather, its aim was to identify a critical point in human development where progress was, in some measure, arrested. It is only through such critical examination that the broader trajectory of civilisation can be meaningfully understood. And yet, even amid ideological confusion, the world has witnessed, and continues to witness, extraordinary scientific breakthroughs. Cultural progress is advancing at an unprecedented pace. Across every field of human endeavour, achievements once deemed inconceivable are becoming reality. In the arts, new luminaries emerge with brilliance; in sport, records are shattered; in science, visionary discoveries and projects continue to astonish and inspire.

The civilised world, as we now experience it, stands at the current pinnacle of cultural and technological development. Yet we often fail to fully grasp the meaning and significance of the present without a proper reckoning with the past.

Despite this, I have yet to encounter a work that treats the notion of socio-economic formations from a strictly economic standpoint. Historians have listed them sequentially—primitive communality, slavery, feudalism, and capitalism—but what underlying force drove these transitions? Surely something more than a mere cycle of change was at work. There must have existed a motive force compelling humanity towards refinement and self-transformation.

Perhaps, in the course of this inquiry, we shall identify that elusive force. Perhaps it will help us clear a path toward genuine progress and lead not just one nation or class, but all of humanity into a new era of prosperity.

To begin, we must consider the essence and purpose of the market—the very structure within which commodity and monetary relations emerge, the foundation of modern national economies and fiscal policies, and the means by which we ordinary citizens secure our material wellbeing and pursue our cultural aspirations.

What, then, is the market?

In the earliest stages of human development, during the primitive communal period, long before any notion of a "market" had emerged, tribal groups sustained themselves through hunting. From this, they acquired not only food but also rudimentary clothing fashioned from the hides of animals. At first, such hides, crucial for survival, were reserved for tribal elites: the chieftain, the elders, and a few of their closest kin. The strongest could seize hides from the weakest, even kill for them, whether from necessity or as an expression of power.

This was a period in which all was ostensibly shared—a condition that Friedrich Engels famously declared the prototype of communist society. His assertion was, for a time, accepted without challenge.

However, this communal state only endured until the moment when one hunter returned from an expedition with more than he required. Suddenly, he found himself with surplus hides which he offered in exchange for perhaps the choicest portion of meat from a communal feast. **Thus, in using surplus not for personal use but for exchange, Homo sapiens began to act strategically.**

Recognising this advantage, the hunter began to gather more hides and meat than he needed, offering them in return for primitive luxuries or preferential status. This was the genesis of commodity exchange within primitive society—the earliest stirrings of specialisation in labour and the rudiments of productive relations. Over time, some clansmen turned from hunting to the processing of hides or farming. A natural division of labour emerged between those who gathered resources and those who refined them into usable goods. As surplus production increased, exchange became more complex and systematic, eventually evolving into what we now call the market.

This development introduced basic economic differentiation and, in due course, commodity-money relations. Without the pressures of growing populations and demographic expansion, neither the concept of the market nor these relations would have emerged.

By the time of the slaveholding and early feudal systems, subsistence economies had adopted a straightforward model: produce what one consumes and exchange the rest. Four hens might be traded for a single lamb. Yet over time, it became clear that the effort required to rear a lamb vastly outweighed that of raising four hens. This disparity demanded a new method for assessing value and a different system of exchange, eventually giving rise to the introduction of money. Early barter gradually evolved into commodity-money relations, which, with necessary refinements, continue to underpin economies to this day.

Whereas primitive societies took tens of thousands of years to understand the workings of the market, the transition from slavery to feudalism spanned several millennia. The move from feudalism to capitalism occurred over mere centuries. The final shift—from artisanal and guild-based systems to industrial capitalism—was completed within decades. During this period, the very concept of labour productivity underwent a radical transformation, ushering in new market relations grounded in mechanised, large-scale production.

Thus, the market evolved from a disorganised web of occasional exchanges to a dynamic, spontaneous system of free commerce. In the former Soviet Union, however, it was systematically distorted into a command-administrative apparatus. Across both the USSR and the wider socialist bloc, this structure increasingly resembled a crude system of natural exchange. International "socialist markets" relied not on true commodity-money exchange, but on barter and non-convertible transactions.

This deviation led inevitably to impoverishment across the socialist world. As convertible currency flowing into state coffers dwindled, economies contracted. The result, predictably, was prolonged stagnation and the eventual collapse of both the market and the system built upon it.

The evidence was manifest: the so-called socialist market oscillated between chronic shortages of essential goods and grotesque overproduction of items no one wanted. This economic dysfunction stemmed not from material limitations, but from a failure of economic understanding and a disregard for even the most rudimentary principles of market regulation.

Following the dissolution of the USSR and its satellite regimes, there was a partial, limited return to capitalist production and the free market. It was, in the final reckoning, the market that revealed the structural contradictions of socialism—contradictions so deep as to render the model unviable.

From all that has been said, one essential conclusion may be drawn:

Socio-economic formations have never evolved of their own accord. Each historical shift has been enabled by a catalyst, a mechanism that facilitates epochal transitions, reshapes social and economic relations, refines cultural norms, heightens human self-awareness, and propels forward the political and international systems in which all of this unfolds.

This catalyst—the enduring engine of societal progress—has always been the market.

The market is not merely a mechanism for commodity-money exchange; it has always influenced the very fabric of society, shaped the fulfilment of social needs, and responded continuously to demographic change. Although development has been driven by numerous factors, the one enduring constant amid shifting social, cultural, economic, and political conditions has been the evolving market itself. Such is the nature of our interconnected world.

The abandonment of functional market relations inevitably disrupts the harmony of social order and can, in extreme cases, trigger explosive global cataclysms. Wars, after all, do not erupt without cause—they are often the result of market imbalances. Consequently, militarism and autocratic rule—whether under socialism or fascism—must always be examined through the prism of market dynamics. This perspective is especially vital today for anticipating and averting the very anomalies that threaten human development. The global community now awaits a time when war and violence no longer plague our civilisation—and of all available mechanisms, the market is best placed to help realise such a future.

To move towards that goal, we must first understand the various types of markets. This constitutes the essence of our **DISCOVERY**.

The Theory of Markets
Market A

A system based on subsistence economies and artisanal production for personal use, in which surplus goods are exchanged with other subsistence producers. It is characterised by barter and the absence of formal economic structures.

Market B

Corresponds to the feudal era and marks an advance over Market A. Here, exchange remains rooted in agrarian or craft production but increasingly takes place on a commodity-money basis, rendering this market more progressive.

Market C

The capitalist free market, built on an industrial foundation spanning both manufacturing and agriculture. It operates on the principle of monetary accumulation and is driven by the mass production of consumer goods to satisfy growing consumer demand. Though formally "free" in its operations, it is spontaneous and volatile, prone to cycles of boom and bust—even in advanced economies—often resulting in economic coercion and aggressive market domination.

Market D

In essence, a command-administrative version of the socialist market. Its purpose is not the maximisation of public welfare through meeting the population's needs, but rather the fulfilment of typically unrealistic, ideologically motivated plans for the national economy. Under this model, production takes precedence over the actual material requirements of the population—without meaningful participation from the people themselves.

Productive capacity is thus channelled primarily into heavy industry and the military-industrial complex, with only the residual output allocated to the production of consumer goods. The state assumes full responsibility for this burden, and in the end, it is society at large that pays the price.

Within its own socialist framework, the state tends to veer erratically between various socio-economic formations. This instability ultimately leads to the breakdown of administrative governance and a regression into pseudo-capitalist forms of state management. Under such conditions, principles of enrichment—often of an antisocial character—begin to prevail. These are directly tied to mass impoverishment, systemic deception of the public, rampant exploitation, the intellectual stultification of the population, parasitic behaviours, and even the moral decline of the socialist elite.

Such manifestations are more commonly associated with the socio-economic orders of slaveholding or feudal societies. Yet here, paradoxically, they appear under both the nominally socialist regime and the pseudo-capitalist administrative structure that follows. In both cases, the hallmarks remain the same: militaristic ambition and totalitarian modes of governance. No alternative models are tolerated by the ruling elite.

The socialist state is further distinguished—relative to global standards—by persistently low productivity and a lack of meaningful valuation of labour. The goods it produces are qualitatively and quantitatively inferior to those offered by global competitors. Unrealistic planning, **untethered from actual production capacity**, swings between shortages of consumer goods and their overproduction—an imbalance that ultimately leads to the system's self-liquidation and collapse.

The second—and arguably most critical—obstacle to effective governance is that the full weight of administration rests not with society, but with the state itself. It is from this fundamental misalignment that the system's many dysfunctions, including those of the market, would ultimately stem.

Market E

Although still largely aspirational, **Market E** – the market of the future- is grounded in the principles of what we define as a Market Economy and is therefore very dynamic. As a **managed market system,** it aims to prevent both slumps and speculative booms, as well as avert defaults, financial collapses, and even armed conflicts. This is achieved through the indivisible unity of **Conjuncture, Supply, Demand, Advertising and Competition**.

This unity, much like the Christian doctrine of the Holy Trinity (Father – Son – Holy Spirit), forms the metaphysical and functional core of **Market E**. None of its components function independently—**Conjunc-**

ture is meaningless without **Supply, Demand**, and **Advertising**, and **Advertising, in turn, reflects national prosperity and guides consumption** by promoting **only specific products** that the **Conjuncture** and consumer sentiment deem relevant. **Competition, finally, determines both demand and pricing by offering superior goods to consumers.** It is a notable fact that no product is sold without **Advertising**.

Nonetheless, the lineage of market economy instruments can be traced directly to the free market. Their origin lies in the capitalist spontaneity that gradually evolved into the dynamic progression as per the principle: PRODUCTION – MARKET – CONSUMER. Yet, this appears to be the sole point of resemblance between the FREE MARKET and the MARKET ECONOMY, for under a market economy a fundamentally different system of governance is established. This system, in effect, integrates the hitherto disparate domains of PRODUCTION, MARKET, and CONSUMER into a unified, synergetic living organism.

At the early stages of human societal development, agricultural production dominated as the principal economic driver. Subsequently, both agricultural and industrial production emerged as relatively autonomous players within the economy, operating independently and with no mutual obligations to speak of. However, under the Market Economy, a different trajectory is expected: industrial production must assume managerial function over agriculture. Only through such an integrated configuration can the economy function as a coherent and balanced system, thereby achieving maximal profitability through coordinated, harmonised activity. It is precisely this configuration that promises to eliminate the issue of overproduction in the agricultural sector.

To redirect and establish the necessary preconditions for such transformation in virtually any national economy, and transform an underdeveloped system into a highly industrialised, a unified organism (including, for instance, countries such as Ukraine, Moldova, Botswana, and others of similar status), would require the adoption of a strategic decision to undergo structural reorganisation by national leadership. With even relatively modest one-time capital investments, the implementation of this programme could, within three to five years of its inception, elevate such a country to the status of an "economic miracle." This is entirely possible, but only on the condition that all parties involved consistently adhere to the principles of the Market Economy.

The above constitutes the very essence of our DISCOVERY—an economic model entitled the DREAM & REALITY Model, which could potentially offer humanity a viable path out of the current state of imbalance and uncertainty towards genuine prosperity.

Furthermore, the transition from the free market to the regulated Market Economy is, in many cases, expected to be virtually costless. Even embarking from point zero, implementation of the DREAM & REALITY Model as the potential to succeed in any country across the world.

This transition could, and indeed must, occur within the EFFECTIVE SOCIO-ECONOMIC FORMATION - fully aligned with the demands of the new market and the emerging conditions of economic and societal development.

4. The Near Light of a Distant Star

It is now widely understood that the free market in its present form does not offer a magic potion against economic downturns, contractions, and systemic disturbances. This reality stems from the inherently spontaneous and unregulated nature of today's market mechanisms. Each year, tens of thousands of new businesses are established within this system and conversely, an equal number succumb to competitive pressures and cease to operate. At first glance, this may appear to be a natural phenomenon, but is it?

Increasingly, we learn about economically depressed zones that exist even within the developed and prosperous nations. Time and again, jobs become scarce due to industrial development being too insufficient to provide a meaningful level of employment. Such zones are found in well-established economies like United States, Canada, the European Union, China, India, and Israel, and in various regions of Asia, Africa, and Latin America alike. The contemporary post-Soviet and some post-socialist states are no exception. In fact, many of these merely *believe* they are on a genuine path to a true market economy.

But are they? Market economy is a path that often leads away from economic imbalances and the issue of underdeveloped or distressed economic areas. **It requires all a nation's industrial potential—both existing and in development—to be refactored into distinct yet economically interlinked components (Conjuncture, Supply, Demand, Advertising and Competition). Each of these must function within its own clearly defined domain, avoiding operational overlap with the others.** However, it is precisely through the indivisible coordination of these elements that a truly holistic interdependence is achieved.

An apt analogy may be drawn with the human hand: though each finger may act independently, the coordinated action of all components is what enables it to fully function. Components of a national economy must function in the same synergetic cooperation to achieve its objectives. Crucially, modern technological advancements now make it entirely possible to achieve this virtually anywhere on the globe. Should one choose to start a business even in an underdeveloped place, the mere presence of some resident population as a pre-requisite should suffice for the endeavour to yield viable and sustainable returns.

These, then, are the benefits most see only in their dreams. Market Economy is a path to fulfilling these dreams. This trajectory may, in time, lead a nation to genuine PROSPERITY, STABILITY, ECONOMICAL-LY COMPETENCE, SELF-SUFFICIENCY, SOVEREIGNITY, and STRENGTH. Most significantly, this transformation is entirely realistic and feasible under the principles of the *Managed Market Economy*. This would possible, in no small part, because even bankrupt enterprises would not need to terminate their activity irrevocably; instead, the inherent versatility of the production framework, under the stewardship of new and enterprising ownership, would permit swift reorientation towards the manufacture of advanced, market-relevant goods—thereby maintaining population employment and sustaining active consumer demand.

It is precisely on these foundational principles of the Managed Market Economy—accessible to any nation willing to implement them—that our **Dream & Reality Economic Model** has been conceived and constructed.

Our discussion began with a focus on Ukraine. How then, could such a proposal benefit this nation from the standpoint of market economy, or,

more precisely, what may this and other nations gain from the ***Dream &***
***Reality* Economic Model**?

Considering the current economic challenges—which, we contend,
could in fact be eliminated permanently and without excessive effort—
this model offers Ukraine a genuine opportunity to transform and, within
a relatively short time and with modest capital investments, become:

· a highly industrialised, productive, efficient, and technologically advanced state capable of domestic production of goods
of world-class quality for both domestic and global markets

· a nation able to respond instantaneously to the evolving
demands of internal and international markets

· an economy structured around the satisfaction of individual consumer demand—something already made technically
possible by today's industrial capabilities

· a system that facilitates the rapid creation of employment,
including a broad spectrum of skilled workers, engineers, and
scientific personnel, through the concurrent launch of diverse
business ventures and industrial projects across all sectors of
the national economy—including those historically designated
as depressed. This, in turn, fosters the growth of infrastructure,
construction, national culture, the arts, social services, healthcare,
and banking—all calibrated to meet modern standards

· an economy that significantly augments state revenues
through increased foreign investments and tax revenue from
individuals and enterprises. This resolves the problem of unemployment and underemployment by providing sustainable jobs
and real wages, thereby eliminating economic distress zones, and

raising the standard of living across the population. Above all, the model is affordable, rapid to implement, and economically sound

· a system, whose internal structure and integrity is yet unparalleled in global practice—despite being based on universally acknowledged principles of economic management

· a system which, given the necessary investment, promises rapid capital recovery

· a model universal enough to allow it to be superimposed, like a matrix, upon virtually any economy—regardless of current level of development—and elevate it in short order to the standards of the world's leading economies, even if implementation begins from zero

· a model which is not a theoretical abstraction and does not purport to be one; its sole purpose is to function as a practical economic mechanism for the comprehensive improvement of national economic systems

This is but a partial enumeration of the capacities embedded within our Economic Model. A consultation with a professional economist revealed no identifiable deficiencies in the proposed framework. It is essential to note that this model does not require and explicitly precludes any alteration or interference in the political structure of the state where it is implemented.

As previously stated, any nation adopting this framework may well be regarded internationally as an economic miracle and will stand among the world's foremost economies within three to five years. The **Dream & Reality Model** offers the shortest viable path from poverty to prosperity for virtually any national economy. It also fosters the resolution of potential interstate conflicts by harmonising the political and economic interests of traditionally antagonistic factions and thereby eliminates ideological contradictions.

The implementation of the proposed model may begin almost immediately a political decision is made. It is exceptionally straightforward and technologically sound. Judge for yourself.

The "DREAM & REALITY" ECONOMIC MODEL: A TOOL TO PROMPTLY RESOLVE ANY ECONOMIC CRISIS

The essence of the *Dream & Reality* Model lies in the creation of highly efficient economic zones and high-yield industrial sectors, grounded in the latest advances in science, technology, and engineering, within strictly minimised timeframes for allow for instantaneous response to market demand.

Prerequisites include:

· a base of modern, high-throughput, technologically sophisticated processing equipment

· a capable and willing workforce

· the strict observance of fundamental market economy principles

The *Dream & Reality Model* enables the refactoring of a national economy within two to three years so it may respond instantaneously to market fluctuations, through unwavering adherence to the immutable principles of market economy. It represents a genuine opportunity to either construct or restore the economic foundations of an entire nation with minimal, one-time capital expenditures. Where traditional approaches may demand tens or even hundreds of billions of dollars, this model requires but a fraction of that—and can be fully deployed within a timeframe sufficient to recoup the investment and surpass any prior achievements.

In essence, this Economic Model serves as a universal and fundamental transformation matrix applicable to any economy. This is achieved by systematic economic reforms which, in turn, catalyse the creation of diverse businesses, generate new employment, and thereby substantially enhance societal welfare and all aspects of human livelihood.

At present, there is no effective method in existence to address global poverty. This model creates conditions whereby any nation may definitively escape the constraints of its underperforming economic zones without the destruction of existing functioning institutions. After all, to dismantle the old without offering a viable replacement is to emulate those utopian nihilists who sought only the annihilation of the past, offering no constructive vision for the future.

The economic infrastructure prescribed by the ***Dream & Reality Model*** is structured around the establishment of business types comprising enterprises and industries that fall into the following three categories:

Category I –enterprises responsible for supplying materials and dimensional stock: **metals, stainless steel, plastics, timber, glass, profiles, and other components as required**. These materials must strictly comply with technological standards and norms. It is prudent that most **Category I** enterprises be located near the source of raw materials. Furthermore, any resulting technical waste should be recycled.

Category II –manufacturing facilities supplied by **Category I** enterprises. Their function is to convert the incoming stock into parts of any complexity and tolerance, in **quantities ranging from single units to industrial batches**, depending on the specifications of customer orders. The essence of any machine or mechanism lies in its constituent parts. Modern manufacturing facilities have the capacity to produce components of virtually any geometry, complexity, and quality especially when equipped with state-of-the-art CNC (Computer Numerical Control) machines, as well as 3D printing systems and other high-tech production solutions. **Category II** would mostly serve to supply components in sufficient volumes for dozens or even hundreds of **Category III** assembly operations.

Category III – assembly businesses that build **finished products from parts** supplied by **Category II**, in full alignment with market demand and consumer requirements, both domestic and international. The output must match the **quality, competitiveness, and delivery standards of the leading global producers and brands**.

Businesses across **Categories I, II, and III** are interconnected through mutual service relationships: **Category I and II** enterprises supply **Category III**, and, in certain configurations, Category III enterprises support the operational framework of the first two. This organisational model makes it possible to depart from large-scale, multifunctional, expensive plants and factories in favour of more flexible workshops equipped with cutting-edge machinery and/or assembly lines of any length. Where appropriate, these facilities may also be equipped with solar panels, thus generating energy at near-zero cost and ensuring a significant degree of energy autonomy for the site.

This paradigm is significantly more economical than the construction of traditional large-scale industrial complexes. Expensive facilities may be reserved for specific industries such as metallurgy, chemicals, or other capital-intensive domains. Within this model, the establishment and operation of **Category I and II** businesses receive privileged support from the state, excluding subsidies. **Category III** businesses may similarly benefit from state support depending on case-per-case feasibility assessment.

This seemingly uncomplicated economic framework is expected to yield highest possible productivity gains, as for an on-demand manufacture of any product—regardless of complexity, quantity, or quality—within timeframes required by the market.

It is worth noting that **the output from all three business categories may also be exported elsewhere, and imports are by no means ruled out, thus facilitating a balanced and mutually beneficial circulation of goods**.

Given the need to maintain this advanced industrial system, specialist support facilities must also be created, including:

· Entities for preventive maintenance and repair of all machinery and equipment used across Categories I–III. These must maintain a workforce of highly skilled technicians, as well as tools, spare parts, and rapid-response logistical systems to ensure minimum equipment downtime

· Logistics and transport organizations with their own fleet of vehicles, employing drivers, mechanics, technicians, loaders, and associated personnel.

· Energy supply and maintenance companies, employing electricians, engineers, and support workers
· Accounting and financial services
· Legal advisory firms providing comprehensive support to businesses and private citizens
· Staffing and vocational training agencies specialising in recruitment, upskilling, and job placement
· Auxiliary entities offering services in industrial design, marketing, product promotion, demand analysis, market forecasting, and strategic planning—essentially addressing every aspect of business operations in which owners, professionals, and citizens are invested

In the early stages of establishing an enterprise, it is essential to prevent any misappropriation or misuse of material and financial resources. This protection is secured through strong banking guarantees, which act as a structural safeguard against corruption and embezzlement during the development phase. Once this foundation is in place, the ongoing management and future growth of the enterprise are left to the discretion of its owner.

To maximise efficiency and responsiveness, a regional service model is recommended. This allows service specialists to support even remote businesses quickly and reliably. Moreover, it eliminates the need for individual enterprises across the three categories to maintain large, inefficient administrative or technical departments unless necessary. This mitigates scenarios in which underutilised support staff lie idle, or conversely, are overwhelmed during periods of technical crisis.

The primary function of these auxiliary business entities is to accelerate the production and delivery of finished goods to meet market needs both nationally and globally. This would ensure availability of locally produced goods and deliver substantial revenues to the state treasury.

A real-time market response system inherently prevents overproduction and is continuously updated. In practice, it also allows business owners to repurpose production lines—using the same equipment—to different types or classes of goods according to market demand.

The profits from the systems described above are reinvested into:

- repayment of loans
- taxes
- payments to support enterprises
- municipal social programmes
- employee remuneration and benefits, including pensions, bonuses, insurance, sick leaves, holiday pay, travel allowances, and other entitlements
- depreciation and capital reserves
- expansion and development of the business, and so forth.

In sum, the *Dream & Reality Model* elevates the living standards of entire regions or nations. It revitalises infrastructure, promotes the construction of essential facilities and housing, advances healthcare services, supports cultural and recreational life, and offers practical solutions to nearly all challenges faced by localities within the state. Success in one sector enables the prosperity of all others.

A prerequisite for a successful development of any business under the *Dream & Reality Model* is the acquisition of a bank loan, secured by a robust financial guarantee, to support all phases of production, starting from its establishment. Obtaining such credit requires a technically and economically substantiated business plan tailored to each specific enterprise. Further funding and implementation of the plan are governed by the terms of the bank guarantee, which ensures the phased execution of the project and effectively precludes the misappropriation or diversion of allocated funds. Accordingly, entrepreneurs turn to trusted financial institutions—those offering not only favourable repayment conditions but also safeguarding their loans through enforceable guarantees.

The project financing must encompass:

· (Where no pre-existing facilities exist) the construction of production premises and the development of the necessary infrastructure

· the acquisition of requisite equipment, machinery, tooling, production lines, instruments, and branded workwear for employees

· the establishment of jobs and the training of skilled personnel—including engineers, technicians, programmers, and operators proficient in the maintenance of modern equipment and software-literate

· the development of social and domestic amenities—canteens, employee catering, transportation to and from the workplace, changing rooms equipped with showers and secure lockers

· the provision of a suitable climate control system in industrial spaces to ensure temperature regulation for optimal performance

· other similar necessities.

A fundamental tenet of the ***Dream & Reality Model*** is that both "core" and "auxiliary" enterprises must operate within a unified and indivisible framework—an evolving and dynamic system. Under such conditions, the national economy experiences consistent and measurable progress, most visibly reflected in market responsiveness and profit generation. Even in cases where the closure of a particular enterprise becomes inevitable (a possibility that cannot be entirely excluded), the state will intervene with timely support for business redirection and re-profiling, shielding owners from potential economic risks. Such mutual interdependence between state and enterprise creates a climate of reciprocal interest and shared resilience.

The creation of high-performance economic zones according to the ***Dream & Reality Model*** effectively suppresses the emergence and propagation of economic crises. Market-based systems, by their very nature, possess an intrinsic capacity for anticipatory governance—forecasting possible disruptions and enacting pre-emptive measures to prevent systemic collapse. As the Russian Imperial Prime Minister Pyotr Stolypin once presciently stated, **"To govern is to foresee."** The core criterion of such governance is adherence to the inviolable principles of market economy: **Producer – Market – Consumer**, integrated with other equally indispensable factors such as **Market Conditions – Supply and Demand – Advertising**, and of course, Competition. These components must function in synergy. Moreover, the prevalence and sophistication of advertising in a society is a telling indicator of national welfare. It is **impossible** to achieve any meaningful economic progress without acknowledging these realities. It is only under such a comprehensive and integrative framework that the ***Dream & Reality Model*** becomes suitable for implementation—whether for a single enterprise or for the coordinated development of an entire locality, region, or nation. In this manner, the state gains a decisive advantage over others, and only thus is true success attainable.

One of the strongest arguments for the practical realisation of the ***Dream & Reality Model*** is the fact that its required industrial components already exist and function, albeit separately, in nearly every developed economy. The novelty and transformative power of this model lie not in the invention of these elements, but in their systemic unification, refactoring of production as an integrated, interdependent whole.

Tailored with precision to each nation or region, the ***Dream & Reality Model*** promises profound and transformative economic benefits to every participant. It enjoys formal recognition and legal certification in both Israel and the United States Library of Congress.

At present, no other model in the world possesses such structural integrity, adaptability, and contemporary relevance.

5. TOWARDS A WORLD OF GOODWILL

Let us now return to the title of this article: **Conceptual Framework: Socio-Economic Formations and Associated Markets**. In observing the status quo of the global order, it is apparent how frequently we humans tend to overcomplicate matters, with our approach to economics being no exception.

Consider, by contrast, the strategy of grandmasters in the game of chess: they often begin a match by simplifying it, exchanging surplus pieces in a calculated effort to clear the board for more considered moves. Yet when it comes to economic management, political leaders often pursue the opposite strategy, convoluting systems unnecessarily and introducing complications that obscure more than they resolve. This misguided approach resembles a chess game in which, rather than simplifying, players keep introducing additional, redundant, and useless pieces to the board.

We contend that economic imbalances can, in fact, be resolved advantageously, provided they are understood and addressed in terms of the very subject of this work: the purpose of socio-economic formations and the functions of markets and market economies. This approach, we believe, can prevent us from falling into yet another social, economic, or, most perilously, political delusion and from becoming a global laughingstock in the process. At least from the perspective of the **Dream & Reality Economic Model**, this is entirely achievable.

In conclusion, I should like to highlight one final, and altogether more global, potential of market economics: a chance for peace. The history of civilisation has been, to a distressing degree, a history of war to resolve economic and political disputes. Whether imperial or emancipatory, religious, or resource-driven, wars have produced new heroes and fortified the rule of often notorious leaders. Surely now is the time to recalibrate our priorities in favour of peaceful coexistence, especially when the collective conscience of humanity seems to yearn for it?

Today, we face planetary-scale challenges: the scarcity of clean water, the energy crisis, environmental degradation, food insecurity, widespread poverty, and preventable diseases. War and military intervention can only exacerbate all the above. These issues require coordinated collaborative action, not arms.

The situation is not hopeless. More importantly, it requires no extraordinary feats. We must simply reorganise, educate, and negotiate.

The progressive world has already coined the term "market economy." What remains is to learn to live by its universal laws and values, to organise ourselves better, to share the best practices and knowledge, and, most crucially, to come to agreements with each other across our nations. Such a life is simply more affordable. And when that day comes, even the United Nations will cease condemning nations through symbolic resolutions and at last, become an institution of reconciliation committed to resolving disputes through analysis and rationality as opposed to wading into the detritus of global conflict.

This transformation is possible through the lens of market economy; perhaps even through the lens of my *Dream & Reality Economic Model*.

Let us live as human beings ought to live.

REVIEWS

Boris Guberman's *"Conceptual Framework: Socio-Economic Formations and Associated Markets"* offers a passionate critique of Marxist socio-economic theories and proposes a market-driven economic model, the "Dream & Reality Model," to transform struggling post-Soviet economies, with a focus on Ukraine.

Written from the perspective of a Soviet-born poet and inventor now residing in Israel, the text combines historical analysis, personal reflection, and economic prescription, drawing on Guberman's experiences to frame contemporary challenges. Published in response to a theoretical article in Science and Life of Israel, Guberman's work prioritizes practical application over abstract theorizing, making it a provocative contribution to economic discourse.

The text's core argument is a vehement rejection of socialism and communism as viable socio-economic formations. Guberman asserts that these systems, far from progressive, regress to feudal or slave-like exploitation, citing Soviet atrocities (e.g., 10.5 million starvation deaths, millions in gulags) and equating Leninist policies to fascism. He contrasts this with the market's role as the "enduring engine of societal progress," tracing its evolution from primitive barter to capitalist commodity-money relations.

The Dream & Reality Model emerges as his solution: a managed market economy integrating production, market, and consumer dynamics through three enterprise categories (raw materials, components, assembly) supported by auxiliary services. This model promises rapid industrialization, job creation, and prosperity for nations like Ukraine within 3–5 years, requiring minimal capital and leveraging modern technologies.

Guberman's strength lies in his vivid historical critique, grounded in Soviet-era experiences and documented tragedies, which lends authenticity to his anti-socialist stance. His model's emphasis on technological integration and market responsiveness aligns with global trends like Industry 4.0, offering a practical framework for post-Soviet states facing resource dependence and war-related challenges (e.g., Ukraine's conflict with Russia). However, the text's polemical tone, particularly in equating socialism to fascism risks undermining its credibility. Also, ironically, his economic model optimistically assumes unlimited educated labour and cheap capital, which arguably the Soviet Union did quite well. The model's feasibility is also overstated, as it assumes swift political adoption and minimal corruption, which are significant hurdles in post-Soviet contexts. I didn't understand how Bank/Government guarantees reduce corruption. In my experience, guarantees do quite the opposite.

Despite these flaws, Guberman's work is a compelling call to rethink socio-economic formations through a market lens, challenging Marxist dogma and offering a blueprint for economic renewal. It is a fascinating in some of its details. Guberman has obviously lived an interesting life. Its relevance to 2025 lies in its applicability to nations like Kazakhstan or Ukraine, though its success depends on addressing practical implementation. No nation is an island.

This text is a valuable, if contentious, addition to debates on economic transformation, blending interesting personal narrative with systemic reform.

Journalist and World Bank Expert
— Bruce Gaston

———

Boris Guberman's updated edition of Conceptual Framework: Socio-Economic Formations and Associated Markets is a thoughtful and important work that looks at how economies - especially in post-Soviet countries like Ukraine - have developed (or struggled to). Instead of relying only on abstract theories, Guberman focuses on real-world situations and challenges.

One of the book's key points is that countries like Ukraine can't be judged by the same standards as more developed Western nations. Ukraine, like many other former Soviet states, never really had the chance to grow as an independent economy for long. Because of this, standard economic theories don't quite apply. Guberman believes we need new ways of thinking to help these countries develop successfully.

Overall, Guberman offers a well-argued and easy-to-follow explanation of why current economic models fall short and what needs to change. It's a powerful and timely book that anyone interested in global economics, especially in Eastern Europe, should read.

International Educator,
Guardian of ECG (London)
— Gareth Stamp

БОРИС ГУБЕРМАН

КОНЦЕПЦИЯ: ОБЩЕСТВЕННО-ЭКОНОМИЧЕСКИЕ ФОРМАЦИИ И СОПУТСТВУЮЩИЕ ИМ РЫНКИ

Издание второе
Исправленное и дополненное

Лондон 2025

КОНЦЕПЦИЯ: ОБЩЕСТВЕННО-ЭКОНОМИЧЕСКИЕ ФОРМАЦИИ И СОПУТСТВУЮЩИЕ ИМ РЫНКИ

КОНЦЕПЦИЯ: ОБЩЕСТВЕННО-ЭКОНОМИЧЕСКИЕ ФОРМАЦИИ
И СОПУТСТВУЮЩИЕ ИМ РЫНКИ

1. НЕРЕАЛИЗОВАННЫЕ ПРЕДПОСЫЛКИ

Так получилось, что на написание данной статьи меня некоторым образом подвигла публикация в интернет-журнале "Наука и жизнь Израиля", посвященная вопросам циклической экономики и системного анализа. Написана данная публикация в соавторстве двух авторитетных ученых, однако исследовавших лишь теоретический аспект по представленной теме.

В отличие от авторов, один из которых также является представителем Украины, меня в данном случае интересовали не столько чисто их теоретические умозаключения, сколько практическая реализация по предложенной ими теме. Тем более, что я относительно недавно лично побывал правда еще в довоенной Украине и причины устранения нестабильного состояния ее экономики меня очень интересуют и по представленной теме можно было бы говорить и говорить. И не только и не столько говорить, а скорее проанализировать с позиций этой науки также и экономику других стран, которые сегодня находятся в аналогичном нестабильном положении. Потому что в их число также входят практически все постсоветские государства и я думаю они тоже нуждаются в практической помощи по выходу из своего нынешнего состояния. Однако видимо с позиций специалистов такого уровня подобная задача не входила в их планы, хотя, впрочем, само написание ими подобной публикации нисколько не умаляет авторитета видных ученых. По этой причине данную проблему попытаемся разрешить непосредственно мы сами.

Итак, современная Украина. Современная воюющая Украина. Ее как в экономическом аспекте, так и в политическом плане следовало бы рассматривать вовсе не через призму циклической экономики. Для этого Украина, как и ее страны-товарки по бывшему социалистическому лагерю, должны были бы хоть какой-то исторический период времени пожить в качестве самостоятельных самодостаточных государств, вступить на такой путь экономического развития, который характерен для современных ведущих экономик мира. Тем более, смею утверждать, что предпосылки к такому самостоятельному пути развития у этих постсоветских стран были всегда. И поговорить об этих путях развития таких стран, как Украина, конечно же стоит.

Страна, которая всего пару лет, да и то еще далеко не полностью избавилась от фактической вековой колониальной зависимости, только-только и к тому же не всегда пока из-за многих объективных факторов успешно, сегодня делает попытки определиться в качестве самостоятельной экономики. Однако всего этого ей пока довольно сложно добиться в силу ряда факторов от нее не зависящим. Сегодня Украина охвачена войной со стороны "братской" России, которая так и не избавилась по сию пору от своих имперских амбиций. От территории Украины, в частности, в настоящее время отторгнут полуостров Крым. Кроме того, в настоящем Украина также находится в вооруженной конфронтации со своими мятежными областями – Донецком и Луганском, натравливаемых всё той же "братской" Россией. В аналогичной ситуации с отторгнутыми территориями путем вооруженных конфликтов находятся сегодня и ряд других постсоветских стран и по всему выхода из своего незавидного положения они, к сожалению, увы, найти никак не могут. Хотя пути выхода из создавшего положения, несомненно, имеются, что мы и попытаемся показать.

Тем не менее у каждой из этих пострадавших от агрессии стран, а также и у многих других государств, экономики которых еще пока не состоялись должным образом, имеется достаточно реальных возможностей не только улучшить собственное благополучие, но и существенно превзойти даже некоторые благополучные экономики мира. Причем, к примеру, непосредственно для все той же Украины это действительно может обернуться тем, что она при благоприятном стечении времени сможет, как только закончится война с Россией, в очень скором времени стать и УСПЕШНЫМ, и СОСТОЯ-ТЕЛЬНЫМ, и САМОСТОЯТЕЛЬНЫМ, и САМОДОСТАТОЧ-НЫМ, и СИЛЬНЫМ государством, которое в итоге сможет позволить себе ВСЁ. Что же касается мятежных её областей, то их народам просто экономически не будет выгодным по вышеназванным причинам далее враждовать и, исходя из выгод, опять захотят вести совместное хозяйствование. Во всяком случае это их совместное хозяйствование возможно и будет в совсем недалеком будущем обречено на... процветание.

Как? Об этом у нас разговор впереди. Во всяком случае я в это верю.

2. ГОРЕ ОТ ИЗБЫТОЧНОГО УМА

Итак, так ли безысходна ситуация, когда нас, жителей Земли, пытаются, как некогда они это делали по отношению с народами бывшего СССР и социалистического лагеря, загнать в первобытно-общинный коммунизм, который и на высокой сознательности каждого, который при равности всех членов бесклассового человеческого общества, когда не существует границ, нет денег и нет товарного производства, когда нет рынка и никаких рыночных отношений, когда у всех все поровну, когда еда, естественно, от подножного корма (во всяком случае от поздней весны до ранней осени обеспечено, а все остальное время – кора с дуба), когда одежды, то есть шкуры – бери не хочу, в то время, когда добываемые для этого мамонты были окончательно истреблены еще задолго, еще первобытным человеком, а шкуру неубитого медведя еще не доделили, а, главное, все до единого – коммунисты с всемогущей Метрополией   во главе вкупе с обязательными для нее КГБ и МВД и Вооруженными Силами (естественно с модернизированными и устрашающими того врага дубинками) в условиях нового коммунистического общества. Прообраз примерно именно такого КОММУНИЗМА и коммунистического общества можно узреть в произведениях Фридриха Энгельса "Происхождение семьи, частной собственности и государства" и "Принципы коммунизма" и в других его произведениях, в "Утопии" Томаса Мора, который хотя бы догадался сказать, что Утопия – это остров, которого нет, у Томмазо Кампанеллы в книге "Город Солнца", где автор показывает, как счастливо человек будущего живет и благоденствует

КОНЦЕПЦИЯ: ОБЩЕСТВЕННО-ЭКОНОМИЧЕСКИЕ ФОРМАЦИИ И СОПУТСТВУЮЩИЕ ИМ РЫНКИ

в придуманных автором резервациях, у Владимира Ленина с его прелестями в период Военного коммунизма, от которого вождю мирового пролетариата пришлось вскорости отказаться из-за угрозы потери власти, у Иосифа Сталина в его "Экономических проблемах социализма в СССР", где все-все проблемы социализма сводятся всего лишь… к выпуску нового учебника Политической экономии социализма, и у других классиков марксизма-ленинизма. И вообще, таким ли уж страшным будет для всех нас мир уже после значительного истребления населения планеты Земля, если загнать оставшихся в живых в описанную выше идиллию? Тем более в свете своего эволюционного развития человечество и не такое проходила, хотя тем не менее всегда находило пути выхода и не из таких ситуаций. Так неужели так страшен черт, когда его пытаются намалевать для нашего же устрашения или… блага по их пониманию? И как вообще можно назвать коммунизм новой общественно-экономической формацией, если это всего лишь повторение все той же первобытнообщинной общественно-экономической формации в новом революционном изложении? Неужели пройденного опыта оказалось для человечества недостаточным? И вообще так ли уж революционен "Капитал" Карла Маркса в сравнении с "Майн кампф" Адольфа Гитлера, если теоретические измышления первого коммуниста в итоге привели человечество к истреблению, а труд другого, фашиста по призванию, к этому же призывал и этому в полной мере способствовал?

Мы начали данную главу на столь печальной ноте с одной единственной целью: показать пагубность деятельности тех, кто навязал нам социализм с коммунизмом и что нам нужно сделать для того, чтобы раз и навсегда отвадить всех от этого нечестивого во всех отношениях "человеколюбивого" учения. Сообщая нам идею построения справедливого общества без эксплуатации человека человеком, основатели марксизма и предположить себе не могли и не мыслили себе иначе, что *труда*, который "сделал из обезьяны человека" *уже заключал в себе понятие эксплуатации человека человеком* и что без этого никак, как ни старайся. И как бы ни пытались объявить это явление злом, в противовес марксистам мы считаем данное явление даже прогрессивным, *потому что вообще без эксплуатации нет и не может быть такого понятия, каковым для эволюционного развития человечества является труд созидательный*. Просто для убедительности своих доводов марксисты просто-напросто проспекулировали на своей из пальца высосанной идее, введя тем самым своих сторонников и адептов, а вслед за ним и все мировое сообщество в преступное заблуждение.

С этим заблуждением, вернее сказать, преступным заблуждением большевики, благодаря учению Маркса-Ленина, организовали братоубийственную революцию в России с одним единственным маниакальным стремлением: захватить и узурпировать власть. Во что это вылилось, мы уже знаем. Потому что первым делом по приказу большевистских лидеров стало создание первых концентрационных трудовых лагерей, где под видом перевоспитания "деклассированных элементов" человека фактически принуждали к изнурительному бесчеловечному рабскому труду без какой-либо оплаты по результатам выполненной работы с "поощрением" лагерной баландой, именуемой едой. И такая, по сути, бесчеловечная рабская эксплуатация человека без оплаты по результатам труда, а лишь за баланду продолжалось в СССР с 1918 по 1953 годы. А когда не стало вождя-тирана Иосифа Сталина, *подобное принуждение к труду продолжилось*, правда уже с некоторой оплатой заключенным за выполненную работу, причём порой и с пытками, и с другими формами истязания, насилия и глумления над личностью, *до наших дней*, потому что подобные трудовые лагеря на той ныне далекой для нас родине существуют и по сей день, о чем регулярно, несмотря на запреты на подобную информацию со стороны действующей власти, доносят до нас СМИ. Мало того, заключенный ещё был "благодарен" за то, что его ещё не расстреляли, как это случилось с поистине безвинными миллионами его соотечественников в периоды ленинских и сталинских репрессий. Таков социализм и ныне здравствующий.

"У нас был фашизм почище гитлеровского"
Александр Яковлев, член Политбюро ЦК КПСС (1987–1990)

У меня было представление, что при Ленине и Сталине у нас был тоталитарный режим, режим личной диктатуры. К чему я пришел в результате моей работы, в результате документального знакомства со всеми ужасами, которые были засекречены (они прекрасно понимали, что все это надо засекречивать)? Я пришел к выводу, что я ошибался.

На самом деле фашистом номер один в прошлом веке был не Гитлер, а Ленин. Он был организатором фашистского государ-

ства. В российском, разумеется, исполнении. Сталинский режим – это дальнейшее развитие фашистского государства. Развитие не в смысле развития принципов – Сталин ничего нового не придумал, – а в смысле расширения масштабов репрессивной деятельности. Ничего не придумал и Гитлер. По сравнению с Лениным. Гитлер – сволочь, это понятно, но концлагеря, газовые камеры мы придумали раньше его. А еще придумали кое-что, чего даже и у него не было. Практика захвата детей-заложников у Гитлера была? Нет. А у нас была. Гитлер с 1933-го по 1939-го уничтожил десять тысяч своих политических противников. У нас же, как известно, были убиты миллионы. Причем подавляющее большинство из них никакими политическими противниками режима в действительности никогда не были. Конечно, все они одним миром мазаны – все эти сталины, ленины, гитлеры, пол поты... Все это одна компания.

Сталин презирал русский народ, стремился его уничтожить. Генофонд, конечно, подорван. Это очень серьезная проблема. Самая активная часть общества была уничтожена. А войнами, в которых не в последнюю очередь тоже были повинны большевики, – самая молодая. Ведь было уничтожено будущее страны – те тридцать миллионов, которые погибли во время войны 1941 – 1945 годов. Погибли будущие писатели, академики, ученые... Гении... Самые молодые и самые красивые. Я лично считаю – не меньше двадцати миллионов. Расстрелянных, погибших в лагерях, умерших от голода... От голода, умышленно организованного в тридцатые годы. Это пять с половиной миллионов. Или от *голода в гражданскую войну. Тоже товарищ Ленин организовал. Считайте, пять миллионов. Только от голода погибло десять с половиной миллионов.*

Член Политбюро ЦК КПСС академик Александр Яковлев
Из сети.

И как бы не пытались благодарственно преподносить явление социализма в жизни страны нынешние сторонники марксистов-ленинцев, эту эпоху иначе, чем возвращением к рабовладельческую общественно-экономическую формацию этот социализм назвать по-другому язык не поворачивается. Для справки: по признанию историков рабы в рабовладельческую общественно-экономическую формацию, как бы это не доносила до нас коммунистическая пропаганда, на деле оберегались их владельцами, потому как являлись их имуществом, стоившем больших по тем временам денег. А личное имущество, как вы знаете, нужно беречь.

Представляя социализм – как низшую стадию, а коммунизм – как высшую стадию развития человеческого общества, идеологи марксизма выводили эти две стадии не иначе, как общественно-экономические формации непосредственно для рабочего класса, потому что этот забитый тяжело эксплуатируемый рабочий класс и будто бы был организован по своей природе и по заявлению марксистов-идеологов должен был бы стать авангардом в деле построения нового общества, под руководством которого к новому подтянется и трудовое крестьянство. Вот эти два класса, по тогдашней сути своей и необразованных и неграмотных в своем подавляющем большинстве, и должны были встать во главе общества в борьбе за новую жизнь. Что же касается интеллигенции, то марксисты отводили ей всего лишь роль прослойки, то есть и она тоже, некоторым образом, трудовая, но... не производящая никаких материальных ценностей. Тупость, которая сыграла, по сути, роковую роль для целого класса национальной культуры. Именно интеллигенция первая и попала в молох революции и подлежала либо истреблению, либо перевоспитанию в концентрационных лагерях непосредственно и под руководством так называемых революционных вождей и при участии большевиков-нелюдей.

Приход большевиков к власти в результате Октябрьского вооруженного переворота, которую они именовали не иначе, как социалистическая революция, была даже встречена с некоторым энтузиазмом со стороны некоторых народных масс. И некоторую эйфорию этому придали первые большевистские Декреты. Как и их революция, эти Декреты не были проведены по свидетельству специалистов прежде всего законодательно. Поэтому с первых же дней становления новой власти начался с социального произвола буквально во всех сферах жизни и стоившем в итоге десятков миллионов ни в чем неповинных человеческих жертв. Итак, по порядку.

Декрет-лозунг **"Земля – крестьянам!"** привёл к тому, что экспроприированная, то есть насильственно отнятая без каких-либо законодательных уложений и, соответственно, без оценки стоимости этой собственности у законных её владельцев земля, теперь "безвозмездно" передавалась в "дар" крестьянам. Земля действительно передавалась крестьянам до поры в бесплатное пользование, однако и трудиться на ней крестьянам пришлось теперь… забесплатно: ибо весь собранный урожай, а зачастую и с физическим устранением несогласных с таким положением, подчистую под предлогом действительного бытующего в стране голода насильственно теперь отбирался у них по указанию действующей власти специально организованными для этого революционными отрядами. Подобная практика продолжалась в стране и с 1928 до 1992 года, то есть по самую кончину советской власти, по причине организации в ней коллективных хозяйств или колхозов, когда крестьяне, уже колхозники, должны были передавать в созданное хозяйство личный скот, личный сельскохозяйственный инвентарь и личные накопления, а взамен получать не по вложенным в развитие этого производства личным средствам с получением процента от прибыли, а всего лишь крохи от собранного колхозом урожая, именуемые трудоднями. Причем, бездельники, назначенные властью для руководства этим хозяйством, получали в разы больше, чем сами труженики-колхозники. Таков результат действия лозунга **"Земля – крестьянам!"**, приведший не только к чрезмерной эксплуатации по сути бесправных колхозников и даже их детей со стороны, как не покажется странным, нового уже советского помещика в лице назначенного новой властью председателя того хозяйства и руководящих им партийных боссов, но и к фактической подмене понятий.

КОНЦЕПЦИЯ: ОБЩЕСТВЕННО-ЭКОНОМИЧЕСКИЕ ФОРМАЦИИ И СОПУТСТВУЮЩИЕ ИМ РЫНКИ

Потому что все эти отношения, если их перевести в сферу понятий общественно-экономических формаций, не более, чем феодальная общественная экономическая формация с действующим фактически крепостным правом, а никакой это не социализм даже "с человеческим лицом". Поэтому и работали колхозники без заинтересованности, без какого-либо трудового энтузиазма. Данный портрет социализма будет далеко неполным, если мы не добавим в его написание миллионы замученных, истребленных, умерщвленных голодом и посаженных в советские концлагеря жертв из этого революционного, по их словам, крестьянского сословия.

В своё время мне даже очень нравился один из первых революционных лозунгов "**Фабрики и заводы – рабочим!**". Мне тогда нравилось, как широко замахнулись большевики в своем стремлении дать человеку труда истинную свободу. Но потом как-то что-то не стало клеиться и вместо свободы выбора, социализм или вернее те, кто за ним стоял, фактически принуждали нас, иногда даже некоторыми насильственными действиями и методами, к труду. И получалось, там у них при капитализме человек, чтобы прокормиться, вынужден был наниматься на работу и тем самым продавать свой труд ненасытному и злобному эксплуататору, в отличие от нас, у кого труд был свободным, но под обязательным принуждением. У нас в случае сокращения штатов на производстве уволивших обеспечивали лишь разовым двухнедельным пособием, зато там у них уволенным выплачивали в течение нескольких месяцев пособие, на которое оказывается в течение этого времени можно было прожить и не побираться и не одалживаться по соседям. Кроме того, у них там и жизненный уровень по неизвестным нам причинам был много выше и условия проживания были значительно лучше наших, и не было никаких проблем ни жилищных, ни в обеспечении товарами первой, второй и прочей необходимости, в то время как мы не вылезали из дефицитов, а на получение государственной квартиры, потому что частным образом жильё при социализме вообще нельзя было приобрести, очередь порой затягивалась даже на многие десятилетия вперед. К тому же там у них рабочие под руководством их профсоюзов оказывается устраивали забастовки за свои права и улучшение условий труда, а у нас в Союзе с соблюдением прав трудящихся тишь да блажь и никаких нареканий и требований. В общем, у них там всё плохо плюс бандитизм и высокая преступность, а у нас – сплошная радость. Только рубль не роняй: оторвут вместе с рукой. Кроме того, уровень технического и технологического парка основных советских предприятий по какой-то неведомой причине или скорее по причинам неумелого безынициативного руководства и планирования народным хозяйством страны, потому что советскому руководителю разрешалось действовать лишь по шаблонам социалистического хозяйствования, существенно отставал от общемировых требований и это притом, что уровень готовности инженерно-технического и рабочего актива в СССР даже на самых современных капиталистических предприятиях по знаниям и мастерству в тоже время позволял даже превзойти эти общемировые требования. Такова система парадоксов.

КОНЦЕПЦИЯ: ОБЩЕСТВЕННО-ЭКОНОМИЧЕСКИЕ ФОРМАЦИИ И СОПУТСТВУЮЩИЕ ИМ РЫНКИ

А теперь по существу. Поначалу, после свержения ненавистного всем царизма, заводы и фабрики действительно были, как это было с передачей земли в "собственность" крестьянам, согласно Декретам об экспроприации этого вида собственности и установлении восьмичасового рабочего дня, отданы их рабоче-крестьянским правительством в "дар" в рабочие руки. Только с одной оговоркой: вместо того, чтобы доверить управление этой теперь уже рабочей "собственностью" самим рабочим и создавать рабочие советы по управлению теперь уже собственного производства, власть для управления этим производством повсеместно назначала только верных ей людей. Правда порой эти верные люди были, мягко говоря, и малограмотны и в руководстве предприятием были порой несведущи, но разве ж с властью поспоришь. Ведь они были революционно настроены и полны революционного энтузиазма. И получалось: вроде эта собственность как бы и твоя, но только ты позволишь себе взять в пользование хоть какую-то малость, милости от рабоче-крестьянского суда и власти не жди. И если бывших владельцев этой собственности, из тех, кто не успел вовремя покинуть страну, отправляли в лучшем случае на "перевоспитание" с тяжелейшими условиями содержания в концлагерях, а в худшем случае большинство из оставшихся без суда и следствия попадали на истязания костоломов советской инквизиции или их сразу же ставили к стенке, то теперь и новых "хозяев" жизни, провинившихся или вообще ни в чем не провинившимся рабочих, совместно с работоспособными крестьянами и представителями трудовой интеллигенции, в общем всех, кто попадал в лапы новой социалистической власти, ждала точно такая же участь: и концлагеря, и пытки, и истязания, и казематы прежних и новых тюрем, и издевательства. Одним словом, "хозяева". Что же касается установленных новым законом восьмичасового рабочего дня, то работать в новых условиях приходилось ровно столько и даже более того, сколько требовалось для выполнения государственного плана. Мне, например, в советское время, работая слесарем, ради выполнения государственного плана приходилось трудиться целую неделю и по две смены и сразу же после этого без какого-либо отдыха работать целые полные сутки и при этом нас не обеспечивали ни питанием, ни спецодеждой при работе вручную с тяжеленными металлоконструкциями, ни с оплатой за сверхурочную работу, ни подвозкой на работу и с работы. А ведь мы после бессонной суточной работы с ног валились и засыпали прямо в автобусе. И все это с указаний нашей администрации и с согласия нашего местного профсоюза, с согласия секретаря партийной организации, с согласия наших депутатов районного и городского советов. Правда, согласия на проведение подобных работ от нашего комсомольского лидера и не спрашивали. Так себе, мелочь. Так, что в этом вопросе у нашего заводского руководства ни с советским трудовым правом никаких проблем не было, ни с эксплуатацией трудящихся никаких нареканий, поскольку видимо мы сами добровольно и без какого-либо принуждения со стороны Советской власти согласились так и столько работать. Да еще к тому же с оплатой за труд что кот наплакал.

КОНЦЕПЦИЯ: ОБЩЕСТВЕННО-ЭКОНОМИЧЕСКИЕ ФОРМАЦИИ И СОПУТСТВУЮЩИЕ ИМ РЫНКИ

Видимо по этой причине дни 1-е Мая и 8-е Марта, когда трудящиеся и их верные подруги-женщины имели возможность во времена империализма бороться за свои права и выступать со своими требованиями против эксплуататоров, в одночасье с установлением Советской власти превратились в праздники, когда трудящимся в обязательном порядке дозволялось лишь пройти мимо трибуны и поприветствовать издали стоящих на этих трибунах вождей, а женщинам в их Международный женский день получать подарки от незнакомых их мужьям мужчин. И это всё, чего они добились у Советской власти по поводу соблюдения своих прав и выполнения так называемых своих требований. Всё это действо некоторым образом напоминало несмышленого малыша, которому дали какую-то сладость, лишь бы не мешал. Поэтому с молчаливого согласия трудящихся и не было у Советской власти никаких проблем, а, стало быть, и забот. И еще одна особенность: ни на одном партийном съезде за все время существования ЦК КПСС и Советской власти в Советском Союзе не было ни одного случая, чтобы властью поднимался вопрос за достойный уровень жизни трудящегося человека. Видно, партии народа не было никакого дела до управляемого ею народа. Тем не менее мы сделали попытку определить, к какой же общественно-экономической формации следует отнести методы такого властвования над избыточно эксплуатируемым народом, лишенного и прав и нормального человеческого существования. И мы остановились на полустанке: это между рабовладельческой и феодальной общественно-экономическими формациями. Увы, такова действительность. Во истину: за что боролись, на то и напоролись. Ишь чего захотели: права им подавай.

Следующим предметом нашего рассуждения для нас явится Декрет-лозунг "**Мир – народам!**". Данный лозунг интересен еще и тем, что он от самого начала и по сей день несёт в себе ложь. Большевистские лидеры на словах могли утверждать всё что угодно: и войну империалистическую закончить, и к разоружению на словах призывать, и к мирному существованию призывать, но их же лозунг *от войны империалистической к гражданской войне* перечеркивает все их благие на словах намерения. Нежелание договариваться с противной стороной и держаться подальше от мирного курса привело молодую Российскую советскую республику вначале к затяжной гражданской войне – это когда брат пошёл против брата и что мало заботило молодую Советскую власть, жаждавшую войну, а не примирения. А наступило некоторое послабление на фронтах и молодая республика Советов направляет армию на захват Польши. Не получилось: дали по зубам. И тем не менее имперские настроения не оставляют большевистских вождей в покое, потому что Ленин грезит мировой революцией и его не оставляют захватнические настроения. Свидетельством этому могут служить захват Красной Армией, по сути, безоружных Азербайджана, Грузии и Армении, в которых до завоевания их большевиками уже шло становление на демократическое управление, но не было армий, способных противодействовать агрессивным намерениям советской России. Одновременно с захватом и присоединением к новой Российской советской империи Закавказских стран идет аннексия и присоединение к революционной России всей территории Средней Азии – Узбекистана, Киргизии, Туркмении, Таджикистана и Казахстана. Одновременно с захватом указанных стран шло "освобождение" и всей Украины.

А поскольку и в самой России было далеко неспокойно, ввиду несогласия некоторой части крестьянства и рабочих с внутренней политикой новой "рабочей" власти, буквально все эти выступления были буквально потоплены в крови в прямом смысле этого слова. Эта кровь, а это расстрелы, пытки, истязания миллионов людей, глумления над человеческой личностью и природой, пьянила и будоражила воспаленный мозг лидеров коммунистов. Им не хватало терпения ни на что, потому что они всегда грезили только шествием коммунизма по планете и поэтому постоянно грезили войной. Денег и средств не хватало, разруха и прочий организационный бедлам в деле управления страной и присоединенными территориями, но уже тогда нацелил вождей не столько на удовлетворение потребностей населения страны на целых два континента, сколько на военные устремления. С самого начала послевоенных лет и, по сути, по сей день – это беспримерная гонка вооружений и нагнетание военного психоза как внутри страны, так и в мире. Именно угроза миру со стороны СССР и вызвала как ответную меру возрождение гитлеровского фашизма, который, если приглядеться внимательнее, как две капли был похож на деяния коммунистов. Разве, что назывались они по-разному. И если

КОНЦЕПЦИЯ: ОБЩЕСТВЕННО-ЭКОНОМИЧЕСКИЕ ФОРМАЦИИ И СОПУТСТВУЮЩИЕ ИМ РЫНКИ

Гитлер грезил мировым господством, то Сталин в не меньшей степени установлением красно-коричневого коммунизма на всей нашей планете. И если гитлеровский режим был осуждён Международным Нюрнбергским трибуналом, а главные зачинщики общечеловеческой трагедии понесли заслуженное наказание, то сталинский режим не был осуждён мировым сообществом и мирно перекочевал в наши дни. Даже тогда, когда произошёл развал социалистического лагеря, мир не прореагировал на это должным образом на деяния коммунистических лидеров.

*Мы вовсе не относимся с каким-либо предубеждением к народу России, потому как находим его такой же пострадавшей стороной от злодеяний тех, кто кровью и железом устанавливал свои античеловеческие порядки и устремления во имя несбыточной, из пальца высосанной идеи, имя которой **СОЦИАЛИЗМ** и **КОММУНИЗМ**. Заставляя солдата нести зло своему народу, они так ничему и не научившись в своём историческом развитии, по-прежнему продолжают нести зло миру. Именно Метрополия, в лице её лидеров заставляла шарахаться социалистический строй из одной общественно-экономической формации в другую во имя какой-то призрачной идеи, которую и утопией назвать мы не имеем права. Так, идиллия. И по этой причине ни социализм, ни коммунизм никак по вышеназванным причинам нельзя отнести в разряд общественно-экономических формаций, поскольку любая ОЭФ руководствуется в своем мироустройстве иными экономиче-*

скими и правовыми нормами и требованиями, о которой мы ещё поговорим. И ещё. И Маркс, и Энгельс, и Ленин, и Сталин, Гитлер, Мао Цзэдун, Ким Чен Ын, Ангела Меркель, их многочисленные приспешники, адепты и последователи – это люди мертворожденной идеи, которую они тем не менее возвели в ранг некоторой теории, с которой они действительно попытались "осчастливить" человечество и с которой они фактически привнесли в наш мир лишь много людского горя, оболванивания и хаоса. Так идея так называемой свободы обернулась для втянутых в эту авантюру народов реальным красно-коричневым тоталитарным террористическим кошмаром, стоившем жизни десятков миллионов жизней. Мир еще ждет осуждения этого богопротивного явления, имя которому СОЦИАЛИЗМ.

А вот и нынешние примеры, что могут сотворить современные устремления социализма с целым некогда процветающим государством. От 8 апреля 2020 года. Опубликовано в **Facebook**. Привожу его полностью. Судите сами:

Медсестра в Германии отправляет миру сообщение.
Тем, кто против Трампа.
Открытое письмо (перевод Google)
Если вы думаете, что президент Трамп поступает неправильно, прочитайте это письмо из Германии.
Вчера в больнице у нас была встреча по поводу того, какая

ситуация здесь и в других мюнхенских больницах.

Клиники не могут справиться с количеством неотложных медицинских ситуаций для мигрантов, поэтому они начинают всех отправлять в главные больницы. Многие мусульмане отказываются от лечения женским персоналом и мы, женщины-медики, сейчас отказываемся идти к этим больным мигрантам.

*Отношения между медицинским персоналом и мигрантами становятся все хуже и хуже. С прошлых выходных мигрантов, направляющихся в больницы, должны сопровождать полицейские подразделения К-9. *У многих мигрантов ADS, сифилис, открытый туберкулез и многие экзотические заболевания, которые мы в Европе давно забыли, не знаем, как лечить.* *

Если они получают рецепт в аптеку и узнают, что должны платить наличными, это приводит их к невероятным вспышкам, особенно когда речь идет о наркотиках для детей. Они оставляют детей персоналу аптеки со словами: Так лечите их сами!* Таким образом, полиция охраняет не только клиники и больницы, но и крупные аптеки.*

**Мы спрашиваем открыто: где все те, кто приветствовал мигрантов перед телекамерами с плакатами на вокзалах? Да, сейчас граница закрыта, но миллионы их уже здесь, и мы точно не сможем от них избавиться.* *

*До сих пор число безработных в Германии составляло 2,2 миллиона. Теперь это будет не менее 3,5 миллионов. *Большинство этих людей – полностью безработные. *Только у минимального числа есть какое-либо образование. *Более того, их женщины* вообще не работают. *По моим оценкам, каждая десятая беременна. *Сотни тысяч из них привели с собой младенцев и маленьких детей в возрасте до шести лет, многие из которых истощены и очень нуждаются.

Если это продолжится и Германия вновь откроет свои границы, я собираюсь домой в Чешскую республику. Никто не может удержать меня здесь, в такой ситуации даже за достойную зарплату. Я приехала в Германию на работу, а не в Африку или на Ближний Восток! Даже профессор, который возглавляет наш отдел, сказал нам, как грустно ему все это видеть. Особенно сходят с ума уборщицы, которые чистят здесь каждый день за 800 евро, встречая толпы молодых людей в коридорах и просто ждут с вытянутыми руками помощи и не могут ее получить.

*Действительно, мне это не нужно, но я боюсь, что, если я вернусь домой, в какой-то момент и в Чешской республике все будет так же. *Если немцы со своими системами не справятся с этим, тогда гарантировано и на моей родине будет полный хаос...*

Вы – кто не вступал в контакт с этими людьми, абсолютно не представляете, сколь отчаянно ведут себя эти люди, насколько мусульмане действуют лучше наших сотрудников в отношении их религиозного приспособления.

Пока еще персонал местной больницы не заболел болезнями, которые привезли сюда эти люди, но с таким количеством пациентов каждый день это – вопрос времени.

*В больнице под Рейном мигранты с ножами напали на со-

трудников после того, как на грани смерти передали 8-месячного ребенка, которого они тащили пол-Европы в течение трех месяцев. Ребенок этот умер два дня спустя, несмотря на то, что ему была оказана первоклассная помощь в одной из лучших детских клиник Германии. Детскому врачу пришлось перенести операцию, а две медсестры выздоравливают в отделении интенсивной терапии. Никто не был наказан! Местной прессе запрещено писать об этом, поэтому мы можем сообщить вам только по электронной почте. Что случилось бы с немцем, если бы он ударил ножом доктора и медсестер? Или если бы он бросил свою мочу, зараженную сифилисом, в лицо медсестры и пригрозил ей инфекцией? Как минимум он попал бы прямо в тюрьму, а затем в суд. А этих людей не наказали, с ними ничего не произошло…

И поэтому я спрашиваю: где все эти встречавшие приветливые с вокзалов? Сидят спокойно дома, наслаждаясь своей обычной безопасной жизнью? Я бы собрала всех тех, кто встречал и привел их сюда, в первую очередь в нашу больницу скорой помощи, а потом в одно из зданий, где проживают мигранты. Пусть бы сами – без помощи вооруженной полиции с собаками – позаботились о таких пациентах, которые, к сожалению, сегодня находятся в каждой больнице здесь, в Баварии.*

Скопировано с сети

И такое положение вещей, которое происходит во всех клиниках и больницах, происходит сегодня во всех сферах жизни по всей Германии, по всей некогда цивилизованной Европе. Мигранты со всё большей наглостью, бескультурьем, безграмотностью и своей религиозной нетерпимостью захватывают у некогда просвещённой Европы всё жизненное пространство, навязывая на свободолюбивых европейцев собственное материальное благополучие. Такое было не всегда. Но такое стало возможным благодаря социалистке Ангеле Меркель, тогдашнему канцлеру Германии, навязавшей своей стране и большинству европейских стран, где также правят левые правительства социалистической направленности, политику бесконтрольного приёма бесчисленного количества мигрантов из тогдашней Сирии, Ирака, беднейших стран юго-восточной Азии и Африки, которые перевезли с собой нежелание работать, болезни, религию и осели на социальные программы этих стран. Выдержат ли эти государства такое нашествие в дальнейшем? Если отношение к мигрантам-нахлебникам там не изменится, тогда вряд ли. Тогда Европу ждут не лучшие времена.

Но продолжим о социализме. В советские времена бытовал анекдот: кто такой Маркс? – Экономист. – Как над дядя Ашот? – Нет, наш дядя Ашот – старший экономист… В действительности, Карл Маркс – серьёзный философ, экономист, создатель теорий, писатель. Однако Маркс по своей природе ещё и идеалист-утопист, да простят мне такое сравнение его сторонники и последователи, а его так называемое революционное учение – всё тот же **УТОПИЧЕСКИЙ СОЦИАЛИЗМ и КОММУНИЗМ**. Он недалеко ушёл в этом направлении от верований своих предшественников, последователей утопизма, малейшие попытки которых реализовать в жизни своё учение всегда заканчивались полным крахом. Только в отличие от этой когорты деятелей, Маркс вкупе с Энгельсом попытались заразить так называемой бациллой своего учения бесправное и находящееся за социальной гранью население планеты, благо, что для этого в мире возникали новые социальные условия для этого. И у них это получилось. Получилось за счёт образованной части нигилистов, целью которых было не только разрушить мир, но и переделать этот мир на свой лад. Так называемый революционный лад.

Ни для кого не будет секретом, что по своей природе и Маркс, и Энгельс – **нахлебники**, поскольку их писательское творчество обеспечивало лишь бедное и даже нищенское существование. Согласно биографии Маркса, он вначале совсем неплохо жил за счёт своего обеспеченного отца. Женившись, уже со свои семейством и женой он поначалу жил за счёт своего венценосного тестя, а затем все заботы о семействе Маркса взял на себя его собрат по утопическим воззрениям, соавтор по многочисленным совместным сочинениям и соратник по революционной борьбе Фридрих Энгельс, который также жил за счёт своего богатого родителя, обеспечивавшего своему отпрыску и его товарищу с семьёй безбедное существование. И неизвестно, смогли бы состояться как революционеры Карл Маркс и Фридрих Энгельс, если бы не такие подарки судьбы. Кстати, революционно озабоченный Фридрих и попытки никакой не сделал, чтобы практически улучшить и облегчить тем самым условия труда и жизни рабочим своего отца-промышленника. Так что одно дело революция, а другое дело – судьба тружеников, за которых якобы так ратовали и боролись Карл Маркс и Фридрих Энгельс в своих многочисленных произведениях.

Вскоре, через время, уже в самодержавной России нашлись и последователи этого учения в лице революционера-утописта Ленина и компании. Практически почти всю свою революционную деятельность Владимир Ленин и многие его соратники по партии большевиков провели вдали от России, за границей. И вся их революционная деятельность там – это прославление и потворствование террора, в который помимо истребления неугодных их революционным устремлениям государственных деятелей России и прочих нежелательных для их устремлений лиц также включалось и ограбление российских банков, средства от которых шли на безбедное содержание тунеядцев-революционеров вместе с семьёй Владимира Ильича и его любовниц по революционной борьбе, а также на самую отъявленную революционную пропаганду с существующим в России государственным строем, подстрекательства рабочих на стачки, забастовки и восстания. Но поскольку средств на революционную борьбу требовалось немалых, то для пополнения партийной кассы не останавливались и на подачках богатейших и состоятельных граждан России. А если и этого оказывалось недостаточным, то не останавливались перед физическим устранением таких людей. Примером тому промышленник Савва Морозов, которого убили "по доброте" большевики-террористы. Именно клика Ульянова-Ленина в октябре 1917 года организовала вооружённый государственный переворот и повела народы России на кровопролитную гражданскую войну, государственный террор против своего населения и пропагандистское оболванивание народа, стоивших народу многих и многих миллионов жертв. И мы вправе назвать ленинско-сталинский утопический социализм – реакционным и кровавым. Природа такова. Да и жертвы кричат криком из своих большей частью безымянных могил. Кстати, такой реакционный и кровавый по своей природе утопический социализм продолжается и по сей день и не только в России, но режимом Северной Кореи и ряде других стран с социалистической системой правления, главная цель которых – не право человека на достойную жизнь, а его угнетение и бесправие. Вот основная причина того, по которой рушатся эти самые реакционные режимы. И как показывает история и их социалистическим устремлениям грозит крах. Крах во всём. Весь трагизм заключается в том, что их режимы по сей день грозят миру войнами и террором.

В своих воззрениях Маркс тем не менее впервые определил и перечислил нам общественно-экономические формации. Это – первобытнообщинная ОЭФ, рабовладельческая, феодализм и капитализм. Он также совместно с Энгельсом сделал попытку обозначить в качестве общественно-экономических формаций – СОЦИАЛИЗМ, как низшую фазу, и сам КОММУНИЗМ, обозначив последний – конечной высшей фазой. Но, во-первых, они на экономические формации по независящим от нас причинам не тянут, а, во-вторых, если мы и захотим придать социализму и коммунизму знаковые формации, то они могут тянуть лишь на – социально-политические формации и не более. Однако мы то знаем, что человечество в своём развитии не останавливается, потому что конечных фаз в развитии человечества не бывает. И мы уверены, что на капитализме, как ОЭФ, мы не остановимся. Да, нам грозят новые общественно-экономические формации и даже раньше, чем многие из вас предполагают. Но об этом в дальнейшем нашем повествовании.

3. КОНЦЕПЦИЯ ПРОГРЕССА

Целью написания предыдущей главы вовсе не является осуждение социализма и коммунизма как таковых. Однако без анализа этого явления просто было бы невозможным показать, на каком этапе у человечества некоторым образом приостановилось продвижение вперед. Но несмотря на это в мире совершались и совершаются выдающиеся научные открытия, огромными шагами вперед идет прогресс нашего культурного роста. В нашем развитии мы достигаем поистине фантастических результатов. Здесь и новые имена во всех сферах искусства, и колоссальные достижения в спорте, деятели науки всякий раз удивляют нас своими поистине фантастическими проектами и открытиями.

КОНЦЕПЦИЯ: ОБЩЕСТВЕННО-ЭКОНОМИЧЕСКИЕ ФОРМАЦИИ И СОПУТСТВУЮЩИЕ ИМ РЫНКИ

В общем цивилизованный мир на нынешнем этапе действительно находится в своем высшем расцвете. Однако порой без осмысления прошлого невозможно иногда увидеть и оценить суть достижений нынешних.

Тем не менее я пока не слышал, чтобы кто осветил с позиций экономики такое явление, как общественно-экономические формации. Перечислять их действительно перечисляли в исторической последовательности и называли соответственно и первобытнообщинную ОЭФ, рабовладельческую ОЭФ, и феодальную, и пришедшую ей на смену капиталистическую. Ведь что-то же двигало человеком в своем развитии и становлении помимо циклических изменений в его жизни. Ведь непросто так происходила смена эпох, а вероятно был какой-то двигатель прогресса, который заставлял человечество совершенствоваться и неуклонно двигаться вперед. Может быть, в ходе наших рассуждений мы и выйдем к искомому результату, который и позволит дать дорогу истинному прогрессу и который выведет все человечество к расцвету и процветанию. Буквально все человечество.

Но для начала поговорим о сути и предназначении рынка. О том самом рынке, на котором происходят товарно-денежные процессы, а от полученной прибыли строится экономика практически каждого современного государства, формируются бюджеты, а для нас, рядовых, строится наше благосостояние, удовлетворяются наши культурные запросы и потребности. Итак, рынок. На начальных этапах развития человеческого общества, а конкретно в первобытнообщинном общественном периоде, когда еще до такого понятия, как рынок, было далеко-далеко, племя первобытных людей, отправляясь на охоту, добывало себе и пропитание, и прообраз современной одежды, каковыми в ту пору являлись шкуры убитых зверей. Поначалу, когда обладателями шкур, которые спасали того человека от непогоды и холода, были не все, а избранные (к примеру, вождь и старейшины племени и некоторые приближенные к ним товарищи), а сильнейший мог силой отобрать (убить) у слабого первый атрибут первобытной одежды непосредственно для личных нужд или же для полюбившейся ему дикарки. Это был период, когда все принадлежало всем, и который Энгельс, небезызвестный вождь мирового пролетариата назвал прообразом коммунистического общества. В общем сказал и сказал.

Но так продолжалось до определенного времени, пока первобытный охотник не добыл на индивидуальной охоте более одного животного. Таким образом у него оказались шкуры не только для себя. Другую шкуру он с выгодой для себя обменял, допустим, на лучший кусок от общего первобытного пирога. *Именно тогда, когда он добыл шкуру не для себя, а за какие-то ему ведомые блага, HOMO SAPIENS и начал умнеть*. Ибо, почувствовав выгоду, он стал добывать больше шкур и еды и предлагать их другим соплеменникам за более привилегированное положение в том обществе или за первобытные блага. Иными словами, это привело в итоге и к первым товарным отношениям в первобытном обществе и к первым трудовым отношениям, выразившимся

КОНЦЕПЦИЯ: ОБЩЕСТВЕННО-ЭКОНОМИЧЕСКИЕ ФОРМАЦИИ И СОПУТСТВУЮЩИЕ ИМ РЫНКИ

в начальных стадиях разделения труда, а значит и к начальным стадиям зародившегося товарного производства. Это произошло тогда, когда в первобытном обществе в дальнейшем выделилась группа соплеменников, которые уже не столько занимались охотой, сколько переработкой допустим шкур, участвовали в первых зачатках сельскохозяйственного производства. Все это в конечном счете привело к тому, что одни члены общества добывали пишу и сырье, а другие перерабатывали добычу в готовый продукт. Таким образом все это привело к зачаткам рынка, когда одни добывали и добывали больше, чем это нужно было для индивидуального потребления, а другие обрабатывали, обменивали и тем самым и обеспечивали остальных самым необходимым для того общества продуктом. Оно, как следствие, привело к разделению трудовых отношений, к разделению в обществе, что уже в других общественно-экономических формациях послужило поводом к переходу уже к товарно-денежным отношениям. Без понятия *рынок на фоне демографии роста численности того населения* такого бы просто не могло бы случиться.

В отличие от первобытного потребительский рынок натурального хозяйствования в период рабовладельческой и начальной стадии феодальной общественно-экономической формации – это, когда сколько произвели, столько и потребили, а оставшееся обменяли: допустим, четыре курицы на одного барашка. Со временем в натуральных хозяйствах поняли, что затраты по результатам вложенного труда на одного барашка некоторым образом превосходят затраты на выращивание четырех кур. Вот тут-то и понадобилась другая оценочность труда и переход на иную форму обмена, которая в итоге и привела к товарно-денежным отношениям и которые с некоторыми изменениями продолжаются по сей день. И если для того, чтобы первобытное общество осознало всю сущность понятия рынок, на это у него ушло десятки тысяч лет, то переход от рабовладельческой общественно-экономической формации к феодальной обошелся несколькими тысячелетиями, а переход к феодальной общественно-экономической формации занял уже несколько сотен лет. Переход от капиталистических отношений непосредственно к капитализму занял у прогрессивного человечества уже десятки лет. За это время претерпели существенное изменение и понятия производительности труда, которые со временем и привели от ремесленно-цехового к более прогрессивным формам капиталистического индустриального производства, а, соответственно, к другим рыночным отношениям. Таким образом тот первоначальный рынок трансформировался от хаотичных товарообменных операций к стихийному свободному рынку.

Правда в бывшем Советском Союзе рынок за десятилетия принял формы командно-административной формации, что внутри СССР, а позже и социалистического лагеря больше напоминало всю туже форму натурального хозяйствования начала рыночных взаимоотношений, потому что псевдосоциалистический рынок в межгосударственных отношениях занимался не товарно-денежными отношениями, а всевозможными бартерными обменами между странами социалистического лагеря и мира. Именно это и привело в итоге весь этот социалистический лагерь к обеднению, ввиду того, что резко сократилось поступление конвертируемой валюты в бюджеты этих стран. Соответственно, как и следовало ожидать, данное обстоятельство привело к отставанию того строя от общемировых тенденций и к окончательному развалу и того рынка и тех отношений. Они прежде всего выражались в шатаниях так называемого социалистического рынка от массового дефицита товаров массового потребления к их перепроизводству, что является проявлением искусственным и необходимым, потому что вызвано оно было прежде всего неграмотным управлением народным хозяйством ввиду несоблюдения элементарных требований даже того рынка. В итоге, после распада страны бывшего социалистического лагеря вновь некоторым образом вернулись, да и то далеко еще не полно и к капиталистическим формам производства и к капиталистическому свободному рынку. Потому что именно рынок разрушил все те несоответствия социализма, которые для этой экономики являются поистине губительными.

Подытоживая вышесказанное, мы придем к следующему выводу. Общественно-экономические формации никогда не сменялись сами по себе. Всегда был иной механизм, я бы сказал катализатор, который фактический способствовал и смене эпох, и смене социальных общественно-экономических взаимоотношений, и к развитию культурных предпочтений в обществе и становлению человеческого самосознания, приводил к другим прогрессивным явлениям, которые сказывались и на экономике, и на политике, и на взаимоотношениях между странами и людьми. И таким катализатором, двигателем общественного прогресса всегда был именно рынок. Он не только прогрессивное явление в сфере товарно-денежных отношений. Он всегда влиял и на общественное мироустройство, и на удовлетворение потребностей общества и несомненно диктовался меняющимися демографическими изменениями. Было множество для этого развития факторов, но неизменным оставался в этом ряду вечно изменяющийся под влиянием этих факторов и других социальных, культурных, экономических и политических проявлений сам рынок. Увы, таков наш мир, в котором все взаимосвязано. Уход от нормальных рыночных отношений, как следствие, приводит и к дисгармонии в общественном мироустройстве и порой к взрывоопасным мировым катаклизмам.

Ведь войны происходят не сами по себе. Их продиктовал рынок. Поэтому милитаризм и вождизм и социализма и фашизма всегда необходимо рассматривать через рыночные проявления. Это особенно необходимо сегодня для того, чтобы вовремя предупредить эти ненормальные для человеческого развития явления. Мировое сообщество уже ждет того момента, когда не будет ни войн, ни насилий. И рынок, как никто другой, может этому способствовать в полной мере.

Но для начала нам необходимо разобраться в самих рынках, в чём, собственно говоря, и заключается наше **ОТКРЫТИЕ**. Условно сами рынки можно подразделить на следующие категории. Итак, перед вами наша *теория рынков*:

КОНЦЕПЦИЯ: ОБЩЕСТВЕННО-ЭКОНОМИЧЕСКИЕ ФОРМАЦИИ И СОПУТСТВУЮЩИЕ ИМ РЫНКИ

Рынок А – основан на натуральном хозяйствовании и кустарном производстве изделий   личного пользования с дальнейшим обменом остатков произведенного продукта на аналогичные изделия между другими натуральными хозяйствами;

Рынок Б – это рынок времен феодальных отношений. Более прогрессивный по сравнению с натуральным хозяйствованием, потому что обмен произведенного продукта сельскохозяйственного или ремесленного производства осуществляется уже на товарно-денежной основе;

Рынок В – это уже капиталистический свободный рынок. Он по сравнению с предыдущими рынками поставлен на индустриальную основу производства как в промышленности, так и в сельском хозяйстве. Здесь превалирует принцип накоплений в денежного эквиваленте, благодаря интенсивному производству товаров массового спроса и удовлетворению потребительского запроса. Тем не менее капиталистический рынок – это рынок хотя и свободный в выборе средств и по характеру деятельности, но стихийный по своей природе, в результате чего происходят и подъемы и спады экономики даже в индустриально развитых государствах, нередко приводящие и к экономическому давлению и довольно часто к насильственному доминированию на рынке;

Рынок Г – это по своей сути командно-административный социалистический рынок. Его цель направлена не на максимальное удовлетворение потребностей населения, а на выполнение планов обычно нереального идеологогизированного государственного планирования всего народного хозяйства. Это то самое бремя, при котором в государстве производство превалирует над удовлетворением потребностей населения и без участия в этом процессе самого населения. И это производство прежде всего тяжелой промышленности и военно-промышленного комплекса, а то, что остается идет на производство непосредственно изделий массового спроса. Все это государство полностью взваливает только лишь на себя, за что в итоге и расплачиваются все. Внутри собственной социалистической системы государство склонно буквально к шараханью из одной общественно-экономической формации в другие, что в итоге приводит к слому государственной машины управления и возвращению к псевдо-капиталистическим формам управления всего государственного устройства, где уже начинают действовать принципы обогащения порой лишь асоциального характера, которые напрямую связаны с имеющими место случаями обнищания и обмана населения, случаями чрезмерной эксплуатации и чрезмерного оболванивания населения с формами паразитирования и даже случаями деградации социалистической элиты. Подобные проявления в обществе характерны для рабовладельческой и феодальной общественно-экономических формаций. И это при социалистическом государственном устройстве и при пришедшем ему на смену псевдо-капиталистического государственного управления прежде всего характерны и милитаристические устремления и тоталитаризм. Других методов в управлении государством его руководство не приемлет. Для социалистического государства также характерны относительно по сравнению с общемировыми тенденциями относительно низкая производительность труда при низкой оценочности результатов труда, а произведенный продукт уступает по качественным и количественным показателям мировым производителям. А нереальное, *то есть без учета собственных возможностей*, планирование сводится к шараханью от дефицита товаров массового спроса к их перепроизводству, что и оборачивается в конечном итоге самоликвидацией и разрушением существующего строя.

Вторым и главным препятствием к нормальному в управлении государством является то, что все тяготы управления здесь налагаются не на общество, а на само государство. А отсюда и все нелады, которые происходят из-за несоответствий, которые происходят на рынке;

Рынок Д – это рынок будущего. О нем вроде бы говорят, хотя фактически живут и руководствуются принципами свободного стихийного рынка. *Рынок Д* основан непосредственно на принципах Рынка Рыночной Экономики, а потому очень динамичный в своем становлении и развитии. Для него характерны возможности предупреждения спадов-подъемов рынка, *потому что он – управляется* и тем самым предупреждает и спады, и подъемы, и всевозможные дефолты, и даже войны и вооруженные конфликты за счет использования неделимой триединости инструментариев рыночной экономики, каковыми являются

КОНЪЕКТУРА – СПРОС и ПРЕДЛОЖЕНИЯ – РЕКЛАМА плюс *КОНКУРЕНЦИЯ*. Именно применяемость неделимой триединости всех перечисленных компонентов в единой ипостаси, какова присуща допустим в христианской доктрине о неделимости Святой Троицы: *БОГ-ОТЕЦ, БОГ-СЫН, БОГ-СВЯТОЙ ДУХ,* и обеспечивает всех участников *Рынка Д* наивысшей прибылью. В рыночной экономике все ее инструментарии выступают в таком контексте, где *КОНЪЕКТУРА* не может существовать как самостоятельный элемент, а лишь в тесной и неотделимой взаимосвязи со *СПРОСОМ и РЕКЛАМОЙ*. В таком же контексте выступают все компоненты, потому что *РЕКЛАМА, по уровню преподнесения которой совсем нетрудно определить всего лишь уровень благосостояния народа,* может преподносить потребителю *только конкретный товар,* который может предложить ей именно только *КОНЪЕКТУРА* вкупе со *СПРОСОМ и ПРЕДЛОЖЕНИЯМИ,* которые напрямую связаны с мнениями о потребительских предпочтениях покупателей. *Что же касается КОНКУРЕНЦИИ, то она формирует СПРОС потребителей и ценообразование, преподнося им отличный товар своими техническими и качественными характеристиками.* Кстати, без *РЕКЛАМЫ* ни один товар не продается и не покупается. Это к сведению.

Тем не менее свою родословную инструментарии рыночной экономики берут от свободного рынка. Ведет свою родословную от капиталистической стихийности к динамичному развитию принципов *ПРОИЗВОДСТВО – РЫНОК – ПОТРЕ-БИТЕЛЬ. Но это, пожалуй, единственное сходство между СВОБОДНЫМ РЫНКОМ и РЫНКОМ РЫНОЧНОЙ ЭКОНО-МИКОЙ, потому что при рыночной экономике закладывается несколько иная система управления. Она как бы преобразует пока разрозненные то самое ПРОИЗВОДСТВО и тот самый РЫНОК и ПОТРЕБИТЕЛЯ в единый взаимосвязанный живой организм. Если на первых этапах развития человеческого общества сельскохозяйственное производство является преобладающим фактором, а в дальнейшем сельскохозяйственное и промышленное производство выступают в экономике как бы самостоятельными независимыми игроками, не связанных друг перед другом почти никакими обязательствами, то в дальнейшем, непосредственно при действии Рынка Рыночной Экономики ожидается, что промышленное производство полностью должно взять на себя управленческие функции над сельскохозяйственным производством, так как только таким образом будет возможным выступать в экономике единым сбалансированным организмом и получать при этом наивысшую прибыль от результатов сбалансированной деятельности. Именно это и положит конец имеющимися на сегодня случаями перепроизводства прежде всего в сельском хозяйстве.*

А переориентировать, создать все необходимые предпосылки практически для экономики любого государства и преобразовать из экономически отсталого и неразвитого в вы-

сокоиндустриальный единый организм, включая в том числе Украину, Молдову, Ботсвану и так далее и тому им подобные государства, понадобилось бы... по сути от момента принятия руководством этих стран решения на переустройство, с таким расчетом, что при вложении даже относительно невеликих разовых капитальных вложениях, чтобы через каких-то 3–5 лет от начала реализации программы об этом государстве заговорили бы как об экономическом чуде.

И это более, чем возможно. Но это при условии, если каждая из этих сторон будут неуклонно следовать принципам непосредственно Рынка Рыночной Экономики. Именно в этом и заключается суть нашего ОТКРЫТИЯ в виде Экономической модели – Метод "МЕЧТА&РЕАЛЬНОСТЬ", которая может в полной мере помочь вывести наш мир от нынешних диспропорций и неуверенности к истинному процветанию. И еще.

Переход от свободного рынка непосредственно к управляемому Рынку Рыночной Экономики ожидается почти в ряде случаев беззатратным, ДАЖЕ ЕСЛИ РЕАЛИЗАЦИЮ НАСТОЯЩЕЙ Экономической модели – Метод "МЕЧТА&РЕАЛЬНОСТЬ" НАЧИНАТЬ С НУЛЯ в любом государстве и в любой точке мира. А если перевести Рынок Рыночной Экономики в сферу общественно-экономических формаций, то переход к этому рынку обязательно может быть осуществлен в период действия новой – ЭФФЕКТИВНОЙ ОБЩЕСТВЕННО-ЭКОНОМИЧЕСКОЙ ФОРМАЦИИ, которая и будет соответствовать и новому рынку и новым экономическим условиям развития и экономики и общества.

4. СВЕТ ДАЛЕКОЙ ЗВЕЗДЫ, КОТОРЫЙ СОВСЕМ РЯДОМ

Сегодня мы знаем, что свободный рынок на сегодняшний день вовсе не панацея от спадов, падений и прочих экономических катаклизмов. Это выражается в том, что по своей нынешней природе этот рынок, некоторым образом, стихиен. Ежегодно на этом рынке открываются десятки тысяч новых бизнесов и десятки тысяч бизнесов, не выдержав конкуренции, прекращают свое существование. И это на первый взгляд выглядит закономерным.

Но так ли это на самом деле? Все чаще мы слышим о проблемных экономических зонах в экономике тех или иных даже развитых и успешных стран, в которых по той или иной причине недостаточно развита промышленность, а посему нет достаточного количества рабочих мест, чтобы обеспечить людей занятостью.

С такими проблемными зонами мы можем встретиться и в благополучных Соединенных Штатах Америки, Канаде, в странах Европейского Содружества, Китае, Индии, Израиле, и неблагополучных пока в ряде стран Азии, Африки, Латинской Америки и особенно в нынешних постсоветских и некоторых постсоциалистических государствах, которым только кажется, что они вступили на путь истинно рыночной экономики. Но так ли это на самом деле? Потому что вступить на путь рыночной экономики – это возможность ухода и от диспропорций в экономике, и уход от проблемных экономических зон. И этого можно достичь только в том случае, когда для достижения необходимого расцвета *весь существующий и создаваемый промышленный потенциал будет представлен всего лишь в виде трех экономически взаимосвязанных элементов*, где *каждый из этих элементов будет функционировать только в своем направлении и не пересекаться по характеру своей деятельности с остальными двумя элементами*. Но именно в триединой совокупности этих трех экономических элементов и будет достигаться неделимая взаимозависимая целостность. Это как бы для наглядности представить себе человеческую руку, где каждый палец вроде бы функционально и независим от остальных, но именно от совместного взаимодействия и достигается необходимая целостность действия руки. Точно такое же целостное взаимодействие должно осуществляться и в экономике для достижения поставленных задач. И такое взаимодействие в экономике должно ожидать каждую страну, которая пожелает осуществить у себя подобную взаимосвязь. Кстати, нынешние технические и технологические достижения уже позволяют достичь такого желаемого результата, после которого следует ждать только расцвета. И это практически в любой точке мира. И если кто, к примеру, захочет создать бизнес в каком-то допустим пока не приспособленном месте, но при наличии населения, даже в этой точке он сможет при правильной организации своего дела получать ожидаемую прибыль.

В общем блага, о которых пока только мечтают. И именно

рыночная экономика может помочь этого достичь. А значит по-желавшая себе подобной участи любая сторона может достичь такого состояния, когда она в итоге реально сможет стать и **УСПЕШНОЙ**, и **СТАБИЛЬНОЙ**, и **СОСТОЯТЕЛЬНОЙ**, и **СА-МОДОСТАТОЧНОЙ**, и **САМОСТОЯТЕЛЬНОЙ**, и **СИЛЬНОЙ**.

И самое главное это и реально и достижимо с позиций **РЫН-КА РЫНОЧНОЙ ЭКОНОМИКИ**. Потому что это будет дости-гаться и *благодаря* тому, что даже обанкроченные производства не будут прекращать свою деятельность окончательно, а за счет созданной универсальности производственного механизма и с приходом на него новых деятельных владельцев сможет перепро-филироваться на производство уже другой более совершенной и нужной рынку продукции при должной занятости населения, а стало быть, непосредственно при активности потребительского спроса. Именно на таких принципах *РЫНОЧНОЙ ЭКОНОМИ-КИ*, которыми сможет воспользоваться каждая пожелавшая этого сторона, разработана и построена наша *Экономической моделью* – Метод *"МЕЧТА&РЕАЛЬНОСТЬ"*.

Мы начали данную статью рассуждениями по Украине. Так что же можно предложить допустим для такого государства, ка-ковой является Украина, с позиций именно рыночной экономики? Что конкретно можно предложить этому и другим государствам с позиций *Экономической модели* – Метод *"МЕЧТА&РЕАЛЬ-НОСТЬ"*, построенной именно на принципах рыночной эконо-мики? Учитывая именно сегодняшние экономические проблемы, от которых, как мы считаем, тем не менее можно было бы без проблем и навсегда избавиться, данная модель может реально позволить допустим и конкретно по Украине и не только, что **эта страна за относительно короткое время и при вложениях относительно невеликих для такой программы только разовых капитальных вложениях реально сможет преобразоваться:**

- *в высокоиндустриальное, высокопроизводительное, высокоэффективное и высокотехнологичное государство с возможностью производить на собственной производственной базе в любой точке мира конкурентоспособную как для внутреннего, так и для мировых рынков продукцию только мирового класса и высочайшего качества на уровне мировых брендов и производителей;*
- *моментально реагировать на потребности как внутреннего, так и международного рынка;*
- *система строится именно на удовлетворении индивидуального спроса каждого потребителя, для чего уже на сегодня в мире созданы необходимые технические и технологические производительные силы;*
- *система реально способствует созданию большого количества рабочих мест, высококвалифицированных рабочих, инженерно-технических и научных кадров за счет скорейшего одномоментного создания большого количества самых разнообразных бизнесов и производств в различнейших областях экономики буквально по всей стране,*

в том числе и в экономических проблемных регионах, и, как следствие, развитию инфраструктуры и строительства, развитию национального искусства и культуры, совершенствованию социальной сферы и медицины, развитию банковской сферы и это все с учетом современных требований;

• система реально позволяет существенно пополнить казну государства поступлением на ее счет на много порядков валютных поступлений, а также налогов от граждан и предприятий – в общем во всех областях экономики, в развитии которых будет заинтересовано каждое конкретное государство, его правительство и народ. Это даст людям занятость там, где в этом вопросе государство в настоящем испытывает существенные проблемы, и сможет без проблем обеспечит людей и реальной работой и реальной заработной платой, что в итоге и будет способствовать окончательному уходу от понятия проблемных экономических зон и росту благосостояния граждан. А самое главное при реализации – это дёшево, быстро и экономически выгодно во всех отношениях;

• данная система по характеру и целостности пока аналогов в мировой практике не имеет, хотя и базируется тем не менее на общеизвестных принципах управления экономикой;

• данная система с учетом вложений в реализацию программы средств обещает быструю их окупаемость;

- *данная Экономическая модель благодаря своей универсальности четко как матрица ложится практически на любую экономику, независимо от того, в какой степени развитости она в данный момент находится, и без каких-либо проблем доводит ее в кратчайшее время до уровня ведущих экономик, даже если реализацию настоящей Экономической модели начинать практически от нуля;*

- *данная Экономическая модель очередной экономической теорией не является и на роль экономической теории не претендует. Ее главной целью является оставаться именно экономической моделью и всемерно улучшать экономические составляющие любого государства, которое возьмется на базе собственной экономики улучшать их.*

Таков далеко не полный перечень возможностей нашей Экономической модели. *Мы проконсультировались с дипломированным экономистом по поводу нашей разработки, который нашел, что минусов в предложенной ему работе нет. И ещё один немаловажный аспект для сведения тех, кто возьмется за ее реализацию. Настоящая Экономическая модель при её непосредственной реализации не допускает изменений и вмешательства в политическую составляющую любого государственного устройства. Ни до ни после. И как мы уже говорили, буквально через 3–5 лет об этом государстве в мире заговорят как об экономическом чуде, а также через даже относительно короткий временной период позволит ему встать в один ряд с ведущими экономиками. И ещё. Экономическая модель – Метод "МЕЧТА&РЕАЛЬНОСТЬ" – есть наикратчайший путь от беднейшей экономики к процветанию и состоятельности практически для любого государственного образования, а также способствует урегулированию возможных межгосударственных вооружённых конфликтов. Это кроме прочего достигается и за счёт того, что система позволит наконец-то объединить политические и экономические устремления различных левых и правых политических противников и течений и тем самым устранить все возможные противоречия между этими политическими течениями.*

Начало реализации предложенной модели – практически от момента принятия решения о реализации программы. Очень проста и технологична при внедрении. Судите сами. Перед вами очередное наше **ОТКРЫТИЕ и ИЗОБРЕТЕНИЕ**:

Памяти сына

ЭКОНОМИЧЕСКАЯ МОДЕЛЬ – МЕТОД "МЕЧТА&РЕАЛЬНОСТЬ", КАК МЕТОД ПО МОМЕНТАЛЬНОМУ ВЫХОДУ ИЗ ЛЮБОЙ КРИЗИСНОЙ СИТУАЦИИ

Суть **Метода** *"МЕЧТА&РЕАЛЬНОСТЬ"* – создание высокоэффективных экономических и высокопроизводительных промышленных зон с учётом последних достижений современной науки, техники и передовых технологий за реально допустимые минимальные сроки для моментального реагирования в дальнейшем на потребности рынка.

Необходимые условия – наличие парка современной высокопроизводительной и высокотехнологичной обрабатывающей техники и оборудование, трудоспособного населения; неукоснительное соблюдение основополагающих принципов рыночной экономики.

Метод *"МЕЧТА&РЕАЛЬНОСТЬ"* позволяет в кратчайшие сроки, ориентировочно всего в два-три года организовать экономику даже целой страны таким образом, чтобы она позволяла моментально реагировать на рынок, в основу чего положены незыблемые и основополагающие принципы рыночной экономики. *Экономическая модель* – **Метод *"МЕЧТА&РЕАЛЬНОСТЬ"*** – это реальная возможность создать заново или восстановить экономику даже целого государства при вложении в программу действительно в разы минимальных разовых капитальных вложений, то есть там, где в обычных условиях государство должно было затратить десятки-сотни миллиардов долларов, оно при этой программе затратит всего несколько миллиардов, плюс минимальные сроки, за которые вполне допустима реализация всей этой программы с таким расчётом, чтобы в итоге многократно превзойти все ранее достигнутые достижения. Иными словами, настоящая **Экономическая модель** как универсальная матрица ложится на экономику любого государства и существенно улучшает её. Достигается это за счёт экономических преобразований в государстве, которые в итоге приводят к созданию многочисленных бизнесов, в результате чего возникают дополнительные рабочие места, приводящие как итог к существенному улучшению благосостояния и соответствующих социальных условий для граждан во всех аспектах жизнедеятельности человека. Другого метода борьбы с бедностью в мире пока не существует. Кроме этого, создаются все условия для любого государства для возможного ухода его от всех своих проблемных экономических зон. Это при том, что при создании новых условий нет никакой необходимости разрушать ради этого нового зарекомендовавшее себя с положительной стороны существующее старое, иначе мы будем в своих утверждениях уподобляться тем утопистам-нигилистам, для которых важно лишь бы разрушить старый мир и взаимоотношения, не давая при этом ничего взамен.

Для реального и номинального функционирования экономики по **Методу "МЕЧТА&РЕАЛЬНОСТЬ"** создаются типы бизнесов, состоящие из предприятий и производств всего из 3-х категорий:

1-я категория – это предприятия, обеспечивающие последующую *категорию* размерными заготовками – **металлы, нержавеющая сталь, пластмассы, древесина, стекло, профили и т.д.** – в общем вся составляющая материалов согласно поступивших заказов, необходимые в соответствие и строжайшим соблюдением норм и требований технологий с дальнейшим использованием этих заготовок для их дальнейшей станочной обработки. Целесообразным было бы создавать большинство предприятий *1-й категории* поблизости от мест производства материалов, из которых в дальнейшем изготавливают размерные заготовки, а технические отходы от их производства опять отправлять в переработку;

2-я категория – это производства, служащие для обработки заготовок и сырья, поступившие с предприятий *1-й категории*, на высокоэффективных и высокоточных станках непосредственно в детали любой сложности и точности изготовления, которые доводятся до требуемого товарного вида на основании условий заказов, **начиная от одного изделия и до требуемого количества**. Ибо главным в создании любой машины или механизма является именно изготовление деталей для этих самых конечных изделий. Тем более, что современные обрабатывающие станки и центры позволяют добиваться поставленных задач в изготовлении деталей любой конфигурации и сложности изготовления, требуемого количества и заложенного качества. В качестве такого оборудования предполагается использование зарекомендовавших себя в мире современных высокоточных и высокотехнологичных станков CNC или их аналогов ЧПУ – станки числового программного управления, а также станков и комплексов в системе 3-D принтеров и другого современного высокотехнологичного оборудования и систем. Предприятия *2-й категории* рассчитаны как правило на производство разнообразных деталей в количествах, необходимых для десятков-сотен сборочных производств

3-й категории;

3-я категория – это сборочные предприятия, которые на основании потребительских заказов преобразуют полученные детали с предприятий *2-й категории* непосредственно в готовую продукцию (*сборочное или монтажное производство*) в соответствие с требованием рынка и потребителей на уровне **конкурентоспособности** как внутри государства, так и на международных рынках: **и в требуемые в соответствии с заказами сроки и на уровне лучших мировых производителей и брендов**.

Взаимосвязанность в экономике предприятий и бизнесов *1-й, 2-й и 3-й категорий* достигается за счёт того, что либо предприятия *1-й и 2-й категории* работают на предприятия *3-й категории*, либо предприятия *3-й категории* работают на первые две категории. Именно такая организационная взаимосвязь позволяет государству или региону отказаться за ненадобностью от создания сложных многофункциональных дорогостоящих производств (заводы, фабрики, комбинаты и т.д.), а ограничиться для производства деталей и или готовой продукции из них лишь цехами, оснащённых самыми передовыми станками, механизированными комплексами или конвейерами любой протяжённости, при необходимости оснастить такие цеха солнечными панелями, чтобы вырабатываемая на них электроэнергия была бы практически бесплатной и обеспечивала бы потребности в энергии всё производство. Это значительно дешевле, чем создание крупных многопрофильных комплексов в виде заводов, комбинатов и так далее. В таком случае создание дорогостоящих предприятий можно будет оставить для сооружения лишь металлургических, химических и прочего вида дорогостоящих производств. При этом создание и функционирование предприятий *1-й и 2-й категорий* находится на особом положении и обеспечивается обязательной государственной бездотационной поддержкой, предприятия и бизнесы *3-й категории* пользуются подобной привилегированностью и поддержкой со стороны государства в зависимости от экономической целесообразности. Именно при такой простой на первый взгляд системе управления экономикой и достигается наивысший экономический эффект, так как при такой производственной политике предприятия и бизнесы в состоянии произвести для рынка товар любой сложности на уровне бренда, требуемого количества и качества и в требуемые для рынка и потребителей сроки.

К слову: **изделия от предприятий от всех трёх категорий возможно поставлять как на внутренний рынок, так и на внешние рынки, равно как и получать на свой рынок аналогичные изделия и товары, то есть производить товарообмен на основании торговых договорённостей.**

Учитывая, что работа на этих предприятиях предполагает также и фирменное обслуживание этого современнейшего оборудования, возникает необходимость в создании специализированных фирм-бизнесов, а именно:

фирмы по профилактическому обслуживанию и ремонту всего парка станков и оборудования предприятий и производств всех 3-х категорий, вследствие чего они

должны располагать достаточным штатом наладчиков высочайшей квалификации, необходимых для этого инструментов, запасных деталей и средствами оперативной доставки специалистов с набором инструментов и запасных частей в наикратчайшее время, чтобы тем самым снизить время простоя оборудования и систем в основных производствах;

транспортные фирмы, располагающие собственным автопарком, штатом водителей, автомехаников, авторемонтников, грузчиков и т.д.;

фирмы по энергетическому обеспечению и обслуживанию со штатом электриков, энергетиков, слесарей и т.д.;

фирмы по бухгалтерскому и экономическому обеспечению;

фирмы по юридическому сопровождению бизнесов и граждан;

фирмы по набору и подготовке кадров с дальнейшим их трудоустройством;

другие вспомогательные фирмы – по проектированию, маркетингу, дизайну, рекламированию готовой продукции, по изучению спроса и предложений, конъектуре и т.д.

— в общем с охватом всех необходимых для дела вопросов, в решении которых владельцы бизнесов, специалисты и рядовые граждане будут заинтересованы.

В период создания бизнесменами своих производств и фирм ни в коем случае не допускаются хищения и разбазаривания материальных ценностей и финансовых средств, поскольку такое положение обеспечивается надёжной банковской гарантией, которая как раз и служит тем гарантом, который всемерно препятствует хищениям материальных ценностей и финансовых средств на всём протяжении становления бизнеса. Дальнейшее существование бизнеса на подобном уровне на усмотрение владельца.

Для лучшего, качественного, быстрого взаимодействия с производствами лучше всего подходит региональная форма обслуживания, которая позволит специалистам обслуживающих фирм максимально быстро и оперативно взаимодействовать даже с теми предприятиями, которые расположены даже в несколько отдалённых точках региона и своевременно добираться специалистам до их места расположения. С другой стороны для предприятий всех трёх категорий исключается необходимость содержать на своём балансе (если в том не будет настоятельной производственной необходимости) большой и неповоротливый штат административных работников, ремонтников, бухгалтеров, юристов, транспортников и другие категории вспомогательных работников, которые в ожидании работы порой не знают, чем бы себя таким занять, либо их ожидает такой шквал аварийной работы, с которой они самостоятельно и в требуемые сроки не в состоянии будут справиться.

Вся работа вспомогательных фирм направлена на то, чтобы всемерно способствовать бизнесам по производству и изготовлению готовой продукции для моментального их реагирования на потребности рынка и моментальному удовлетворению потребительского спроса как внутри государства, так и на мировых рынках, что не только насыщает рынок ассортиментом разнообразных изделий, но и ко всему обеспечивает казну существенными в том числе и валютными поступлениями.

Система моментального реагирования на рынок и потребителей не допускает перепроизводства и систематически обновляется и как говорит практика в случае необходимости даёт владельцам бизнесов на том же самом оборудовании переходить на выпуск другой по классу и номенклатуре продукции.

Благодаря такой работе, где всё направлено на получение прибыли от реализованной продукции, которая идёт:

на погашение кредитов

на выплату налогов

на выплату по счетам вспомогательных фирм

на социальные программы города, населённого пункта

на заработную плату и социальные выплаты работникам собственного производственного актива: пенсионные

отчисления, премиальные, социальное страхование работников, выплата больничных, отпускные, командировочные, поощрительные и другие виды начислений

амортизационные отчисления

на развитие собственного бизнеса

и т.д. и т.п.

В конечном итоге **Метод *"МЕЧТА&РЕАЛЬНОСТЬ"*** делает успешной жизнь всего региона (государства), влияет на его инфраструктуру, строительство различных жизненно важных объектов и жилья , на социальные сферы, на медицинское обслуживание населения, на развитие культуры и досуга, на решение практически любых проблем, возникающих в населённых пунктах региона (государства). Иными словами, одно всемерно способствует развитию всего остального.

Необходимым условием для развития всякого бизнеса является получение банковского кредита, обеспеченного надёжной банковской гарантией, покрывающего все этапы создания и запуска производства. Как известно основанием для получения такого кредита служит технически и экономически аргументированный бизнес-план под каждый конкретный бизнес. Дальнейшее финансирование и реализация данного бизнес-плана осуществляется на основании банковской гарантии, обеспечивающей поэтапную реализацию проекта и препятствующей на этом основании утечке выделенных средств в неизвестное направление или всякого рода махинаций. Поэтому бизнесмен ради надёжности обращается по поводу кредитования в надёжные банки, обеспечивающих и удобными для клиента условиями погашения кредита, и обеспечивающих взятый кредит банковской гарантией.

Кредитование проекта должно включать в себя:

(при отсутствии готовых площадей) **строительство производственных объектов и создание под них соответствующей инфраструктуры**

приобретение под него необходимого оборудования, механизмов, оснастки, поточных линий, инструментов, фирменной спецодежды для работников и т.д.

создание рабочих мест и подготовки специалистов – инженерные и технические кадры, программистов, операторов по обслуживанию техники и оборудования с обязательным владением компьютерной грамотности

создание социальной и бытовой сферы – включающей столовые, питание работников, подвозку работников до работы и после, раздевалки с душевыми кабинками и шкафами для одежды и т.д.

поскольку производственные помещения для надлежащей работы в них современной техники нуждаются в соблюдении соответствующего температурного режима, необходимо оснастить их кондиционерами

и т.д.

Непременным условием для **Метода** *"МЕЧТА&РЕАЛЬНОСТЬ"* является то, что "основные" и "вспомогательные" бизнесы выступают на рынке триединой и неделимой постоянно развиваемой динамичной системой. При таком раскладе экономика всего государства систематически прогрессирует, что прежде всего сказывается на состоянии рынка и получаемой прибыли. Даже в случае предполагаемого закрытия какого-то бизнеса (к сожалению, и такое нельзя исключить из нашей практики) его владелец получит от государства надлежащую помощь для перепрофилирования его бизнеса на выпуск новых изделий, а также надлежащую и своевременную поддержку от возможных рисков и кризисов, потому что и государство и бизнесы в таком аспекте взаимосвязаны и заинтересованы друг в друге.

Создание высокоэффективных экономических зон по **Методу** *"МЕЧТА&РЕАЛЬНОСТЬ"* всячески препятствует возникновению и распространению кризисных явлений, потому что рыночная экономика по своей сути своевременно предвидит любую экономическую ситуацию и также своевременно разрешает возникающие проблемы, не допуская обрушения рынка своевременными принятыми мерами. Ибо ещё премьер-министр Российской империи Пётр Столыпин предсказал: "**УПРАВЛЯТЬ – ЗНАЧИТ ПРЕДВИДЕТЬ**". И главным критерием этому служат незыблемые и неделимые принципы рыночной экономики: **ПРОИЗВОДИТЕЛЬ – РЫНОК – ПОТРЕБИТЕЛЬ** с обязательным учётом таких же неделимых позиций, как **КОНЪЕКТУРА – СПРОС и ПРЕДЛОЖЕНИЯ – РЕКЛАМА** плюс **КОНКУРЕНЦИЯ**, где одна позиция рыночной экономики не может существовать без учёта других факторов и выступать всегда в триедином контексте. И ещё. По состоянию и наличию рекламы совсем нетрудно определить уровень благосостояния народа. Без учёта этих реалий добиться прогресса в таком важном деле, как экономика, **НЕВОЗМОЖНО**. Только при подобном раскладе *Экономическая модель –* Метод *"МЕЧТА&РЕАЛЬНОСТЬ"* применима для реализации как одного единственного бизнеса, так и группы бизнесов населённого пункта, региона, города и страны в целом.

Только в этом случае государство получает приоритеты перед другими и только в этом случае ему будет сопутствовать успех.

В пользу реального воплощения *Экономической модели –* Метод *"МЕЧТА&РЕАЛЬНОСТЬ"* говорит тот факт, что производственные элементы этой системы уже действуют практически в каждом высокоиндустриальном государстве. Только в отличие от моей идеи все производственные элементы хотя и существуют, но действуют разрозненно, то есть не как единый организм. И вся задача заключается в том, чтобы весь промышленный потенциал объединить в единое целое, но только в таком аспекте, который изложен мной в настоящей *Экономической модели.*

Мой **Метод *"МЕЧТА&РЕАЛЬНОСТЬ"*** для каждого государства или региона сугубо индивидуален и "грозит" в случае реализации колоссальной экономической выгодой для каждого участвующего субъекта.

Данная идея моей *Экономической модели* – **Метод *"МЕЧ-ТА&РЕАЛЬНОСТЬ"*** имеет юридическое и нотариальное подтверждение в Израиле и Библиотекой Конгресса США.

Данная идея, каковой является моя *Экономическая модель* – **Метод *"МЕЧТА&РЕАЛЬНОСТЬ"*,** аналогов в мире по своей целостности и актуальности пока не имеет.

5. НА РАССТОЯНИИ ДОБРОЙ ВОЛИ

А теперь вернемся к названию нашей статьи, которая звучит так: *"Концепция: общественно-экономические формации и сопутствующие им рынки".* Присматриваясь к нынешнему устройству мира, мы не можем не заметить, как мы обычно порой все усложняем. Особенно это проявляется на наших отношениях к экономике. Тем не менее если мы обратим свое внимание на игру гроссмейстеров, то наверняка заметим одну интересную деталь: мастера шахмат вначале обычно пытаются упростить партию, как бы стараются "избавиться" от лишних фигур путем их размена со своим партнером по партии. А почему-то при управлении экономикой очень часто государственные мужи как бы усложняют ее различными проблемами. Все это напоминает мне ту самую шахматную партию, но в которую по каким-то причинам вместо того, чтобы упростить задачу, пытаются усложнить ее путем внесения на игровое поле какие-то дополнительные фигуры. Мы полагаем, что из подобных диспропорций в экономике можно было бы выходить даже с выигрышем, зная и решая эти проблемы с позиций нашей темы, с позиций знания предназначения общественно-экономических формаций – это для того, чтобы не влипнуть в очередные социальные, экономические и особенно политические профанации и не стать всеобщим посмешищем, рынков и непосредственно рыночной экономики и их влияния на текущие моменты жизни. Только и всего. Во всяком случае с позиций *Экономической модели* – Метод *"МЕЧТА&РЕАЛЬНОСТЬ"* это достижимо.

А завершить эту статью нам бы хотелось еще одной, более глобальной возможностью рыночной экономики. Вся история нашей цивилизации – это история войн, как средство к разрешению собственных экономических и политических проблем. Захватнические и освободительные, религиозные и вызванные экономическими обстоятельствами – эти войны выдвигали новых героев и укрепляли власть порой одиозных лидеров. Не пора ли наконец пересмотреть приоритеты в пользу мирного сосуществования. Тем более, что к этому уже сегодня подвигает все человечество. Мы сегодня стоим перед величайшими проблемами планеты – проблемой питьевой воды, перед энергетической проблемой, перед проблемой загрязнения окружающей среды, нехватка продовольствия, бедность, болезни, которыми, если решать с помощью войн и военных акций – это только усугубить существующее положение и которые без общих совместных усилий никак не решить. А ведь все не так безнадежно и, главное, ничего особенного для этого делать не придется. Просто в одном случае нам нужно улучшить организационную составляющую, в другом случае - научить, в третьем случае – договориться.

Прогрессивный мир уже придумал термин: рыночная экономика. Нужно просто научиться жить по ее общечеловеческим законам и установкам и мы тогда сможем лучше организовываться, передавать положительный опыт и знания, а, главное, договариваться между собой и между странами. Во всяком случае так жить дешевле. И тогда, к примеру, Организация Объединенных Наций перестанет выносить на голосование резолюции, осуждающие те или иные страны, а, наконец-то, сможет примирять враждующие стороны и путем анализа существующего положения разрешить их извечную проблему. Это произойдет тогда, когда, к примеру, с помощью экспертов-аналитиков та же ООН будет стоять над проблемой, а не копошиться в ее дерьме. *Во всяком случае это станет возможным именно с позиций рыночной экономики и быть может моей Экономической модели –* **Метод "МЕЧТА&РЕАЛЬНОСТЬ".**

Давайте жить по-человечески!!!

Борис ГУБЕРМАН

О АВТОРЕ

Борис Губерман родился 23 апреля 1945 года в городе Баку (Азербайджан). Окончил факультет журналистики Азербайджанского государственного университета имени С.М. Кирова. Литературной деятельностью занимается более 55 лет.

2024 год стал для автора особенно значимым — в канадском издательстве ALTASPERA вышло его публицистическое произведение «Край родной навек любимый, край… профашистский мой родной».

За годы творческой работы Борис Губерман издал более 17 поэтических и публицистических книг в различных издательствах мира. Принимал участие во множестве международных литературных конкурсов как автор и член жюри, за что удостоен многочисленных дипломов и наград.

Он является членом нескольких международных творческих объединений, среди которых:

Международная Творческая Гильдия (Германия),

Союз Писателей Северной Америки (Германское отделение),

Евразийская Творческая Гильдия (Лондон),

Международная Литературная Ассоциация «Творческая Трибуна»,

Союз Русскоязычных Писателей Израиля.

Борис Губерман — поэт, писатель, публицист, фотограф и изобретатель. Постоянно проживает в Израиле.

Контактная информация:
Israel, Tirat Karmel 3902013, st. Hazait 1/10
Тел.: +972 9 861 4425
Моб.: +972 54 582 3701
Email: borisgu1945@gmail.com

ОТЗЫВЫ

Автор предлагает оригинальный взгляд на историю общественно-экономических формаций, подвергая резкой критике социализм и коммунизм, противопоставляя им концепцию «рынка рыночной экономики» как основу прогрессивного будущего. Документ насыщен субъективной оценкой исторических событий, эмоциональными высказываниями и попыткой разработать альтернативную экономическую модель. Автор крайне критично относится к марксизму, коммунизму и социализму, используя резкие формулировки и цитаты, в том числе из А. Н. Яковлева. Автор вводит новую типологию рынков, и, хотя идея сегментирования рынков требует более четкой операционализации и количественной верификации, она сама по себе довольно интересна. Автор утверждает, что предложенная им модель способна трансформировать любые экономики (например, Украины, Ботсваны) в высокоэффективные индустриальные системы при минимальных вложениях.

Профессор эконометрики,
член Нью-Йоркской академии наук, эксперт АЭФ,
Хранитель ECG (London)
Нурлан Мунбаев

ОТЗЫВЫ

Книга Б. Губермана «Концепция: общественно-экономические формации и сопутствующие им рынки», выполненная в публицистическом ключе, представляет собой авторскую попытку конструирования «идеальной» экономической модели, базирующейся на субъективных представлениях о справедливости.

Кандидат экономических наук,
доцент Александр Козлов

www.ingramcontent.com/pod-product-compliance
Lightning Source LLC
Chambersburg PA
CBHW041145230326
41599CB00039BA/7186